ハッピー
保育books⑦

3歳児からのクラス担任便利帳

年中行事のことばがけ・スピーチ

阿部　恵／編著

はじめに

「行事のとき、子どもたちへ、どのように話そう？」「保護者を前にすると、緊張して言葉に詰まってしまう」などといった不安を抱えている保育者の方は多いと思います。

本書では、一年間の園行事・伝統行事をおって、子どもたちや保護者の方々へ話しかけるさまざまな場面での、具体的な話し方を紹介しています。これらを参考にしたことばがけやスピーチで、子どもたちと保護者の方々が笑顔になり、先生方の毎日の保育の手助けとなれば幸いです。

阿部　恵

ひかりのくに

本書の特長

ことばがけやスピーチの例が、
１冊にたっぷり詰まった内容です！

＊特長①＊

３歳児から使える
ことばがけ、
保護者へのスピーチが
たっぷり!

＊特長②＊

４月から３月までの、
園行事や伝統行事が
たっぷり!

本書の使い方と見方

本書は、３パターンのレイアウトでことばがけの場面を示しています。冒頭の「ことばがけ・スピーチ こんなときどうする!?」(p.12〜23)もご覧ください。

パターン①

保護者へのスピーチ例や子どもへのことばがけ・説明の例は、大きな吹き出しで話し方の流れがわかりやすい!!

4月初めごろ

4月 始業式の日

新しいクラスに進級する場合も、持ち上がりなどさまざまですが、この一年間、みんなで楽しく過ごしましょう！　という気持ちを伝えたいですね。

年中児のクラスで　子どもたちの不安な気持ちを期待に変える

話し方の流れ・アドバイス

＊あいさつの後、進級したことを伝えて、大きくなったことを喜ぶ。

＊新入園児が入ってくることを伝える。

＊年下の子どもとかかわることへの意欲を引き出す。

おはようございます。
今日からみんなは年中さんです。年少さんのときと比べると、すっかりお兄さんやお姉さんのお顔に見えますよ。

もうすぐみんなより小さいお友達が入ってくるけど、いっしょに遊んであげたり、トイレの場所を教えてあげたりできますか？
(子どもたちの反応を受けて)
そうだね。いろいろ教えてあげてくださいね。

ここがポイント

●子どもたちは、新しい環境にドキドキワクワク。少し不安な気持ちの子どももいるかもしれません。大きくなったことを認めてあげ、いっしょに喜びましょう。

26

12か月の園行事・伝統行事などをあげています。

どんな場面で、どのような内容のことばがけをするのかを示しています。

話し方の流れ・アドバイス／＊
話し方(スピーチ)の流れや動作の要点などをまとめています。吹き出し内のポイントとなる文例やせりふには、色をつけています。要点を押さえながら、各園や各クラスに合わせたことばがけにアレンジしてください。

ここがポイント
ことばがけで押さえておきたいポイントをまとめています。

＜ご注意ください＞

※本書では、表現をやわらかく感じていただくため、本文中の文例に「お友達」など、「お」を付けています。園の方針などに合わせて、適宜修正してお使いください。
※園によって、行事のとらえ方、流れに違いがありますので、そのあたりは修正してお使いください。
※基本的に３歳児でもわかるようにしていますが、目の前の子どもたちに合わせて、言い換えるなどしてみましょう。また、時には少し難しい言葉が混じっていても、受け取っているうちにニュアンスはわかっていくことも多いものです。

＊特長③＊

場面をイメージしやすいイラストがたっぷりでわかりやすい！

パターン②

子どもや保護者とのやりとりの例は、マンガ形式で場面の流れがわかりやすい!!

パターン③

意味・由来「これ知ってる？」のコーナーや、その他の記念日などのページもあり、知っておくと子どもに話せる話題も充実!!

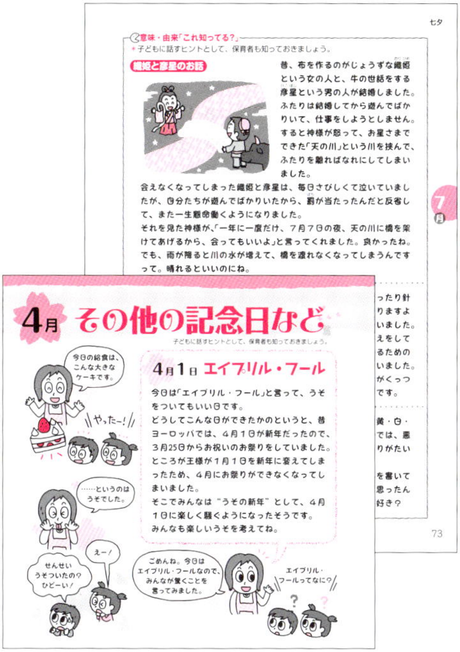

3歳児からの
クラス担任
便利帳

年中行事のことばがけ・スピーチ CONTENTS

※目次では、12か月のことばがけ・スピーチを、下のように色分けしています。

- 式・三大行事
- 年中行事・伝統行事
- 記念日・由来など
- 保護者参加の園行事
- 登降園時・休み明けなど

はじめに……1
本書の特長……2
本書の使い方と見方……2

■ことばがけ・スピーチ こんなときどうする!? 11

①保護者がいっぱいのスピーチで……12
②運動会や生活発表会へ向けて……14
③伝統行事、子どもの「なぜ?」「なに?」……16
④祝日や記念日、どのように話そう?……18
⑤子どもとどうやってかかわろう?……20
⑥保護者とのコミュニケーション、どうしよう?……22

■4月のことばがけ・スピーチ……25

始業式の日 4月初めごろ……26
年中児のクラスで／年長児のクラスで
入園式の日 4月初めごろ……28
入園式の朝／式場に向かうとき／入園式での自己紹介／
式の途中ではしゃぎだす子どもには／
保育室に入ってあいさつ(自己紹介のバリエーション)／
終わりのあいさつ
春の全国交通安全運動 4月6日～15日ごろ……32
交通安全指導とは?／降園時に／散歩や園外保育で
避難訓練 園によっては毎月……34
避難訓練って何?／初めての避難訓練／火事に対する避難訓練／
地震に対する避難訓練／不審者に対する避難訓練
身体計測 毎月……36
初めての身体計測／服を脱ぐのをいやがる子どもに／身体計測中

誕生会 毎月 …… 38
初めての誕生会の前／誕生会に参加する保護者に／誕生日当日の保護者に／誕生日当日の保育室で（季節のエピソードのバリエーション）
登降園時の対応 …… 42
毎朝の登園時／泣きながら登園して来たら／
不安な顔で登園して来たら／降園時／
保育中のケガやトラブルについて／保護者から話があると言われたら
その他の記念日など …… 46
エイプリル・フール／花祭り（灌《かん》仏《ぶつ》会《え》）／昭和の日

■5月のことばがけ・スピーチ …… 47

こどもの日 5月5日 …… 48
こどもの日の集い前日（意味・由来「これ知ってる？」）
ゴールデンウィーク 4月終わり～5月初めごろ …… 50
連休前／連休明けで不安な登園／連休明けの保育
園外保育（遠足） …… 52
園外保育（遠足）の前日／親子遠足の出発前／
遠足で園に帰ってきたとき
母の日 第2日曜日 …… 55
母の日の前（意味・由来「これ知ってる？」）
保育参観 …… 56
保育参観の初めに／保護者への最後のあいさつ
健康診断 …… 58
内科検診の前／耳鼻科・眼科検診の前／検診をいやがる子どもに
その他の記念日など …… 60
八《はち》十《じゅう》八《はち》夜《や》／愛鳥週間

■6月のことばがけ・スピーチ …… 61

歯と口の健康週間（虫歯予防デー） 6月4日～10日 …… 62
歯と口の健康週間とは？／歯科検診の前／歯みがき指導のとき

※目次では、12か月のことばがけ・スピーチを、下のように色分けしています。
式・三大行事　保護者参加の園行事　年中行事・伝統行事　登降園時・休み明けなど　記念日・由来など

時の記念日 6月10日 …… 64
時の記念日のころ

父の日 第3日曜日 …… 65
父の日の前（意味・由来「これ知ってる？」）

給食参観 …… 66
給食参観でのあいさつ

登降園時の対応 …… 67
雨の日の登園時／お父さんとの降園時

その他の記念日など …… 68
衣《ころも》替《が》え／梅雨《つゆ》／夏至《げし》

■7月のことばがけ・スピーチ …… 69

プール遊び 7月初めごろ（地域による） …… 70
プール開きの前／水を怖がる子どもに

七夕 7月7日 …… 72
七夕の集いの前（意味・由来「これ知ってる？」）

クラス懇談会 …… 74
始めと終わりのあいさつ

プール参観 …… 75
プール参観前の降園時

海の日 第3月曜日 …… 76
海の日の前

夏休みの約束事 7月20日ごろ～（地域・園による） …… 77
終業式後の保育室で（約束事のバリエーション）

夕涼み会・夏祭り …… 78
夕涼み会・夏祭りの前／当日来られた保護者に

お泊まり保育 …… 79
お泊まり保育の前／朝の受け入れ時

その他の記念日など …… 80
お盆／土用《どよう》の丑《うし》

■8月のことばがけ・スピーチ …… 81

プール開放 (夏季保育として行なう園もあります) …… 82
プール開放の登園時

鼻の日 8月7日 …… 83
8月初めごろの登園日

夏期保育中のお話 …… 84
雷の秘密／雨上がりのにじ

その他の記念日など …… 86
立秋《りっしゅう》／広島原爆記念日・長崎原爆記念日・終戦記念日

■9月のことばがけ・スピーチ …… 87

夏休み明け 9月初めごろ(地域・園による) …… 88
２学期最初の登園時／保育室に花を飾っておく／始業式後の保育室で

防災の日 9月1日 …… 90
２学期の始業式の日

敬老の日 第3月曜日 …… 91
敬老の日の集いの前(意味・由来「これ知ってる？」)

十五夜 9月中ごろ以降 …… 92
十五夜の日(意味・由来「これ知ってる？」)

その他の記念日など …… 94
秋分《しゅうぶん》の日《ひ》／動物愛護週間

■10月のことばがけ・スピーチ …… 95

運動会 …… 96
運動会の前日／運動会当日の朝／閉会式後に集まって

体育の日 第2月曜日 …… 99
体育の日の前

目の愛護デー 10月10日 …… 100
目の愛護デーのころ

※目次では、12か月のことばがけ・スピーチを、下のように色分けしています。
式・三大行事　保護者参加の園行事　年中行事・伝統行事　登降園時・休み明けなど　記念日・由来など

読書週間 10月27日～11月9日 …… 101
読書週間が始まるころ
園外保育(遠足) …… 102
イモ掘り遠足の前日／動物園への出発前
その他の記念日など …… 104
赤い羽根共同募金／ハロウィン

■11月のことばがけ・スピーチ …… 105

作品展 …… 106
作品展の前／作品展でのあいさつ
文化の日 11月3日 …… 108
文化の日の前(意味・由来「これ知ってる？」)
秋の全国火災予防運動 11月9日～15日 …… 109
避難訓練の前
七五三 11月15日 …… 110
七五三の日の前(意味・由来「これ知ってる？」)
勤労感謝の日 11月23日 …… 112
勤労感謝の日の前(意味・由来「これ知ってる？」)
その他の記念日など …… 114
立冬《りっとう》／二十四節気《にじゅうしせっき》一覧

■12月のことばがけ・スピーチ …… 115

個人懇談会 …… 116
個人懇談でのやりとり
もちつき …… 117
もちつきの前
クリスマス 12月25日 …… 118
クリスマス会の前(意味・由来「これ知ってる？」／バリエーション「サンタさんっているの？」)

大掃除 12月終わりごろ …………………………… 120
大掃除の前日（意味・由来「これ知ってる？」）
冬休み（年末・年始のお休み） 12月25日ごろ～（地域・園による）121
終業式後の保育室で
その他の記念日など …………………………… 122
冬至《とうじ》／大晦日《おおみそか》

■1月のことばがけ・スピーチ

■1月のことばがけ・スピーチ …………………………… 123
お正月 1月1日～3日（地域による） …………………… 124
12月の終わりごろ（十二支それぞれのいわれ／意味・由来「これ知ってる?」）
冬休み明け 1月初めごろ（地域・園による） ………… 128
始業式後の保育室で
春の七草 1月7日 …………………………… 129
１月７日の保育（意味・由来「これ知ってる？」）
鏡開き 1月11日（地域による）…………………… 130
鏡開きをする前（意味・由来「これ知ってる？」）
成人の日 第2月曜日 …………………………… 131
成人の日の前（意味・由来「これ知ってる？」）
その他の記念日など …………………………… 132
どんど焼き／大寒《だいかん》

■2月のことばがけ・スピーチ

■2月のことばがけ・スピーチ …………………………… 133
節分 2月3日ごろ …………………………… 134
豆まきの前（意味・由来「これ知ってる？」）
生活発表会 …………………………… 136
生活発表会の前日／生活発表会当日の朝／生活発表会後に集まって
建国記念の日 2月11日 …………………………… 139
建国記念の日の前
その他の記念日など …………………………… 140
バレンタインデー／閏日《うるうび》（閏年《うるうどし》）

※目次では、12か月のことばがけ・スピーチを、下のように色分けしています。
式・三大行事　保護者参加の園行事　年中行事・伝統行事　登降園時・休み明けなど　記念日・由来など

■3月のことばがけ・スピーチ …… 141

ひな祭り 3月3日 …… 142
ひな祭りの集い前日（意味・由来「これ知ってる？」）

耳の日 3月3日 …… 144
耳の日のころ

クラス懇談会 …… 145
始めと終わりのあいさつ

お別れ園外保育（遠足） …… 146
お別れ園外保育（遠足）出発前

お別れ会 …… 147
お別れ会の前（年少・年中）／お別れ会の前（年長）

卒園式（修了式）の日 3月終わりごろ …… 148
卒園式（修了式）の朝／子どもたちへ最後のあいさつ／
保護者へ最後のあいさつ

終業式の日 3月終わりごろ …… 151
終業式後の保育室で

その他の記念日など …… 152
ホワイトデー／春分《しゅんぶん》の日《ひ》

■付録 えり先生のとっておきのことばがけ …… 153

①信頼関係あっての、有効なことばがけ …… 154
②朝の受け入れのとき …… 155
③朝の会のとき …… 156
④製作のとき …… 158
⑤お弁当・給食のとき …… 158
⑥外遊びのとき …… 159
⑦帰りの会のとき …… 159

Staff
●本文イラスト／森のくじら●本文レイアウト・編集協力／永井一嘉・永井裕美
●企画・編集／長田亜里沙・安藤憲志

ことばがけ・スピーチ こんなときどうする!?

①保護者がいっぱいのスピーチで……………… p.12
②運動会や生活発表会へ向けて ……………… p.14
③伝統行事、子どもの「なぜ?」「なに?」………… p.16
④祝日や記念日、どのように話そう？………… p.18
⑤子どもとどうやってかかわろう？ …………… p.20
⑥保護者とのコミュニケーション、どうしよう？・ p.22

ことばがけ・スピーチ こんなときどうする!?

①保護者がいっぱいのスピーチで

保護者もいっぱいの入園式や卒園式(修了式)、三大行事(運動会・作品展・生活発表会)でのスピーチは、いつも緊張してしまいます。
頭の中が真っ白になり、いつの間にか時間もなくなっていて、言いたいことがほとんど言えないまま終わってしまいます。

そんな場面のスピーチもおまかせ!!

入園式の日のあいさつ(➡p.30)

作品展でのあいさつ(➡p.107)

運動会でのあいさつ(➡p.98)

プラスアルファアドバイス

□一日の流れを考えておく。
□要点をメモにまとめておく。
□声に出して、何度も練習しておく。
□日ごろよくうたっている歌などを取り入れる。
□楽しいエピソードをひとつ考えておく。
□子どもたちの取り組みをプラスの言葉で話す。
□お礼の言葉を用意しておき、感謝の気持ちを述べる。

ことばがけ・スピーチ
こんなときどうする!?

②運動会や生活発表会へ向けて

運動会や生活発表会のとき、子どもたちに対してどんなことばがけをすればよいのか悩んでしまいます。特に大きな行事だと、子どもたちの気持ちを盛り上げていくのが大変です。

安心ね!

そんなときでも、子どものやる気を引き出せる!!

運動会当日の盛り上げ方(➡p.97)

みんなでがんばるぞー!
先生も少しドキドキしてきたけど、毎日練習してきたことを思い出して、ひとつひとつがんばっていきましょうね。
オー!
オー!

＊緊張がほぐれるように声を出して、クラス全員の士気も上げる。

生活発表会後の子どもの褒め方(➡p.138)

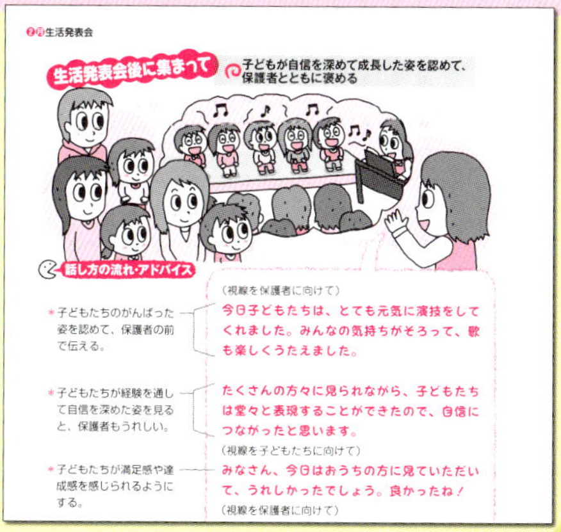

❷❺生活発表会

生活発表会後に集まって

子どもが自信を深めて成長した姿を認めて、保護者とともに褒める

話し方の流れ・アドバイス

＊子どもたちのがんばった姿を認めて、保護者の前で伝える。

(視線を保護者に向けて)
今日子どもたちは、とても元気に演技をしてくれました。みんなの気持ちがそろって、歌も楽しくうたえました。

＊子どもたちが経験を通して自信を深めた姿を見ると、保護者もうれしい。

たくさんの方々に見られながら、子どもたちは堂々と表現することができたので、自信につながったと思います。

(視線を子どもたちに向けて)

＊子どもたちが満足感や達成感を感じられるようにする。

みなさん、今日はおうちの方に見ていただいて、うれしかったでしょう。良かったね!
(視線を保護者に向けて)

すてきな作品ができたから、今度は飾り方をみんなで考えてみよう。
はーい!
おみせやさんみたいにならべようよ。

＊展示のしかたや飾り方は、子どもたちの意見を取り入れながら考える。

おうちの人たちもみんなの作品を見て、きっと驚くと思うな。
早く作品展の日が来てほしいね。
ぬけみちのことはないしょだよ。
たのしみだねー。

＊子どもたちが自信を持って作品展を迎えられるようにする。

作品展へ向けての持っていき方(➡p.106)

プラスアルファアドバイス

□何をしたいか、子どもに投げかける。

□少しでも前向きに取り組んだ姿を認める。

□当日に向けて期待を高める。

□達成感を味わいながら、子どもたちのがんばりを褒める。

ことばがけ・スピーチ
こんなときどうする!?

③伝統行事、子どもの「なぜ?」「なに?」

昔ながらの伝統行事は、子どもが「どうして？」「それなに？」と思うことがたくさんあります。子どもの疑問に答えようと思っても、はっきりとした意味や由来がわからず、困ってしまいます。

安心ね！

そんなときにも子どもに答えられる!!

「こどもの日」のお話や意味・由来（➡p.48～）

5月5日

5月 こどもの日

こどもの日の集いでは、昔ながらの伝統行事を生かしつつ、日ごろの保育も取り入れて、楽しく遊びましょう。

こどもの日の集い前日　行事に期待しながら、意味や由来にも興味が持てるように

じょうずにできたね！
できたー！
せんせいみてー
みせて

話し方の流れ・アドバイス

＊自分たちが作った製作物（こいのぼり）を行事に使うことを伝える。

明日は、みんなで作ったこいのぼりを園庭に飾って、こどもの日の集いをします。

（子どもたちの反応を受けて）

＊楽しい内容を予告すると、期待が膨らむ。

歌をうたったりみんなでダンスをしたりして、楽しい会になると思います。
おいしいおやつもあるかもね。

＊意味や由来を伝えて、伝統行事への興味付けをする（p.49 意味・由来「これ知ってる？」も参照）。

こいのぼりは、コイが滝を登っていくように、つらいことにも負けない、りっぱな人になってほしいという願いを込めて揚げます。
みんなが元気にスクスク育ちますようにと、こいのぼりも見ていてくれるでしょう。

ここがポイント

●男の子も女の子も関係なく、園にいる子どもたち全員の成長を願うことを伝えて、みんなで楽しく参加できるように話をしておきましょう。

48

こどもの日

意味・由来「これ知ってる？」

＊子どもに話すヒントとして、保育者も知っておきましょう。

端午の節句

「こどもの日」は「端午の節句」とも言います。
昔は5月5日のことを「端午」と呼んでいて、「端午の節句」というのは、男の子の成長をお祝いする行事でした。
今は男の子も女の子も関係なく、みんなが大きくなるようにお祝いする日です。

5月

こいのぼり

昔のお侍《さむらい》さんの家では、端午の節句に、家紋という家のマークをつけた旗や吹き流しと呼ばれるお侍さんだけの飾りを、玄関の前に並べていたそうです。
お金持ちの人たちがそれをまねして、旗の代わりにこいのぼりを立てるようになったと言われています。

五月人形

昔の人は、戦うときによろいを着てかぶとをかぶり、刀ややりから自分の体を守って

1月1日～3日（地域による）

1月 お正月

年末年始は、一年の中で特別な雰囲気が感じられます。子どもたちに、お正月独特のあいさつや風習があることを伝えましょう。

12月の終わりごろ　新年を迎えたらお祝いし、干支《えと》にも興味を持つ

1月1日の朝
わたしのところに……

話し方の流れ・アドバイス

＊新年には特別なあいさつがあることを伝える。

1月から新しい年が始まりますが、お正月のあいさつは、なんて言うか知っていますか？

（子どもたちの反応を受けて）

「あけましておめでとうございます」ですね。
お父さん・お母さんやおじいちゃん・おばあちゃんに、言ってみてください。

＊毎年干支は順番に変わっていき、十二支があることを伝える（p.125 十二支それぞれのいわれも参照）。

今年は〇〇年《どし》でした。
来年は何年《なにどし》か、知っている人はいるかな？

（子どもたちの反応を受けて）

〇〇年の次は□□年、その次は△△年と、順番に変わっていき、12種類の生き物が出てくるので、「十二支」って言うんですよ。

「お正月」のお話や意味・由来（➡p.124～）

プラスアルファアドバイス

□意味や由来を調べてみる。

□絵本・紙芝居やペープサートなど、具体的な物を使ってわかりやすく伝える。

□一度に伝えようとせずに、少しずつ理解を深めていくようにする。

ことばがけ・スピーチ
こんなときどうする!?

④祝日や記念日、どのように話そう?

祝日、夏至《げし》や冬至《とうじ》などの季節の節目に当たる日のことを、子どもたちにわかりやすく話すことができません。説明していても言葉が難しく、子どもたちが興味を示してくれません。

安心ね！

そんな話題も、身近なことから話せる!!

「海の日」ってどんな日？（➡p.76）

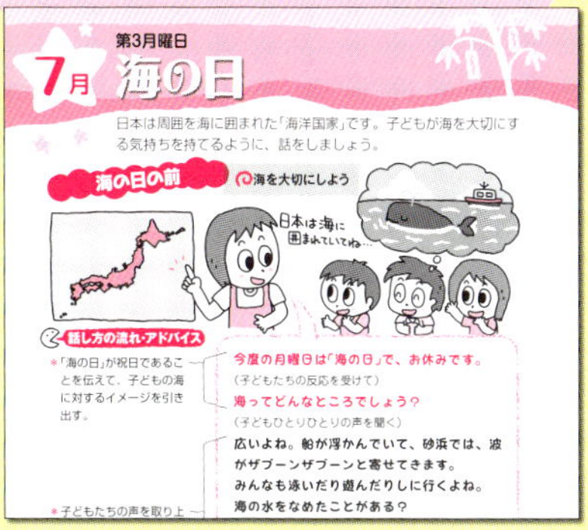
第3月曜日
7月 海の日
日本は周囲を海に囲まれた「海洋国家」です。子どもが海を大切にする気持ちを持てるように、話をしましょう。

海の日の前 海を大切にしよう

日本は海に囲まれていてね…

話し方の流れ・アドバイス

＊「海の日」が祝日であることを伝えて、子どもの海に対するイメージを引き出す。

今度の月曜日は「海の日」で、お休みです。
（子どもたちの反応を受けて）
海ってどんなところでしょう？
（子どもひとりひとりの声を聞く）
広いよね。船が浮かんでいて、砂浜では、波がザブーンザブーンと寄せてきます。
みんなも泳いだり遊んだりしに行くよね。
海の水をなめたことがある？

＊子どもたちの声を取り上

9月 その他の記念日など
子どもに話すヒントとして、保育者も知っておきましょう。

昼は昼間のほうが長くて、冬は夜のほうが長いんだよ。
知ってた？
ふ～ん
じゃあ、今は秋だけど、昼と夜では、どっちが長いでしょうか？
えーと、………おひる？
よるかなー？
正解は、もう少ししたら、夜のほうが長くなります。
そうなんだ！
へえ～
もうすぐ「秋分の日」ですが……
しゅうぶんのひ？

9月23日ごろ 秋分《しゅうぶん》の日《ひ》 ＊p.114も参照。

「秋分の日」は、昼と夜の長さがだいたい同じになる日で、この日を過ぎると、冬に向かって少しずつ夜が長くなっていきます。
また、死んでしまった御先祖様のことを考える日でもあります。
このころは「お彼岸《ひがん》」と言って、御先祖様を祭る行事も行なわれます。
おうちの人といっしょにお墓参りに行ったら、御先祖様に、今がんばっていることを報告しておきましょう。

9月20日～26日 動物愛護週間

皆さんの家では、ペットを飼っていますか？
「動物愛護週間」とは、アメリカから伝わってきたもので、愛情を持って動物を大事に大切に育てましょうという一週間です。
ただし、かわいがりすぎてもいけません。時には厳しくしつけることも大切ですね。

94

「秋分《しゅうぶん》の日《ひ》」とは？（➡p.94）

12月31日のことを、なんて言うか知ってる？
えーっと
わかった！
おそばをたべるひ！
おそばも食べるんだけど、「大晦日」って言います。
おみそ？
「お・お・み・そ・か」です。
お・お・み・そ・か
大晦日

12月31日 大晦日《おおみそか》

毎月最後の日を「晦日《みそか》」と言いますが、一年で最後の日、12月31日のことは、大きいという字が付いて「大晦日」と呼びます。
この日は、新しい年を迎えるための準備をしたり、一年間元気に過ごせたことに感謝して、年越しそばを食べたりします。
長いそばのように長生きできますようにという意味や、そばは切れやすいので、一年間のうちにあったいやなことを切り捨てて、新鮮な気持ちで新しい年を迎えられるようにという意味があります。

122

「大晦日《おおみそか》」とは？
（➡p.122）

プラスアルファアドバイス

□カレンダーを用意したり復唱したりして、名前を伝える。

□意味や由来を簡単に伝える（クイズをきっかけに導くのもよい）。

□「おうちの人にも教えてあげてね」と、家庭にもつながるように話す。

□祝日や行事の意味から、自然を感じられるようにする。

ことばがけ・スピーチ
こんなときどうする!?

⑤子どもとどうやってかかわろう?

子どもが困っているときや遊びに誘ってくれたときなど、いろいろな場面でうまくことばがけができず、子どもと距離ができてしまいます。

安心ね!

子どもとの距離を縮めていける!!

子どもと目線を合わせる(➡p.28など)

＊子どもの目線に合うようにしゃがんであいさつ。
スッ
○○ちゃん、おはようございます。
おはよう…

＊子どもの気持ちに共感する。
ホッ!
スッ
先生も子どものころ、水が怖かったから、○○ちゃんの気持ちがよくわかるよ。
せんせいも?

いつでも共感する(➡p.71など)

検診をいやがる子ども

友達のようすを見せながら励ます
＊どうしても検診をいやがる子どもがいたら言葉をかける。
次は○○ちゃん……どうしたの?
モジモジ
あれ?

あれ? と思ったら言葉をかける(➡p.59など)

プラスアルファアドバイス

□優しく笑顔で接する。
□目線を合わせ、子どもとの距離を縮めて話す。
□子どもの話に耳を傾け、うなずきを多くして共感する。
□うれしい気持ちを子どもが感じ取れるように全身で表現する。
□場面に合ったことばがけをする。
□動植物など身近な物についてひと言ふれ、興味を引き出す。
□がんばったことをしっかり褒める。
□勇気を出して話してくれた子どもには、「ありがとう」のひと言を。
□気持ちをくすぐるようなことばがけをする。
□どんなときもプラスの言葉で終わるようにする。

ことばがけ・スピーチ
こんなときどうする!?

⑥保護者とのコミュニケーション、どうしよう?

どうしよう?

保護者とコミュニケーションをとるためのきっかけづくりに悩んでいます。いつ、どんなタイミングで声をかけたらよいのかがわかりません。

安心ね！

保護者とも、しだいに話せるようになる!!

保護者とコミュニケーションを図り、信頼関係を深める

＊保護者に子どものようすを報告する。

おかえりなさい！
○○ちゃん、今日は元気に過ごせましたよ。
楽しかった？
うん

子どものようすを伝える（➡p.44など）

保護者の話には必ず耳を傾ける

＊話を聞こうとする姿勢を示し、園のつごうを伝える。

先生、一度お話しておきたいことがあるんですけど……
朝の時間や保育中は、子どもたちがいますので、降園時でもよろしいですか？

話に耳を傾ける（➡p.45など）

プラスアルファアドバイス

- □笑顔であいさつをしたら、もうひと言付け加えるようにする。
- □元気な声で受け答えをする。
- □保護者の話に耳を傾け、あいづちを入れる。
- □子どもを褒め、プラス面のエピソードを伝える。
- □病気などからの休み明けは、ひと声かける。
- □降園時は積極的に声をかける。
- □子どもの前では心配事を話さないようにする。
- □保護者の立場に立って、保護者の気持ちを考える。
- □どの保護者にも平等に声をかける。

次のページから、12か月の
具体的なことばがけ・スピーチを紹介しています。

4月の ことばがけ・スピーチ

- 始業式の日 …………………… p.26
- 入園式の日 …………………… p.28
- 春の全国交通安全運動 …… p.32
- 避難訓練 …………………… p.34
- 身体計測 …………………… p.36
- 誕生会 ……………………… p.38
- 登降園時の対応 …………… p.42
- その他の記念日など ……… p.46
  エイプリル・フール／花祭り（灌《かん》仏《ぶつ》会《え》）／昭和の日

※毎月あることも多い場面です。本書ではここにまとめています。

4月初めごろ

4月 始業式の日

新しいクラスに進級する場合も、持ち上がりなどさまざまですが、この一年間、みんなで楽しく過ごしましょう！　という気持ちを伝えたいですね。

年中児のクラスで

子どもたちの不安な気持ちを期待に変える

話し方の流れ・アドバイス

＊あいさつの後、進級したことを伝えて、大きくなったことを喜ぶ。

おはようございます。
今日からみんなは年中さんです。年少さんのときと比べると、すっかりお兄さんやお姉さんのお顔に見えますよ。

＊新入園児が入ってくることを伝える。

もうすぐみんなより小さいお友達が入ってくるけど、いっしょに遊んであげたり、トイレの場所を教えてあげたりできますか？
（子どもたちの反応を受けて）

＊年下の子どもとかかわることへの意欲を引き出す。

そうだね。いろいろ教えてあげてくださいね。

ここがポイント

●子どもたちは、新しい環境にドキドキワクワク。少し不安な気持ちの子どももいるかもしれません。大きくなったことを認めてあげ、いっしょに喜びましょう。

年長児のクラスで

年長児としての自覚を促す

話し方の流れ・アドバイス

＊新学期のあいさつをする。

おはようございます。
今日から新しいクラスがスタートしました。

＊同じクラスの仲間として認識し、進級を喜ぶ。

みなさんは、何組になりましたか？
（子どもたち）「○○ぐみ」
そうだね。○○ぐみさん、進級おめでとうございます。

（しばらくの間子どもたちとのやりとりをした後）

＊成長したことを認め、年長児になったことを伝える。

春休みの間に、体も大きくなったみたいですね。バッジ（名札）も変わって、お兄さんお姉さんらしく見えます。みんなは園の中で、いちばん大きなクラスになりましたね。

＊年長児としての意識を高める。

園のことをいっぱい知っている○○組さん。今年一年間、みんなで年中さんや年少さんたちに、優しくしてくださいね。

ここがポイント

●経験を積んでいる年長児なら、ある程度の会話のやりとりも期待できます。子どもの成長を認めながら、年長児としての自覚が持てるようにしていきましょう。

4月初めごろ

4月 入園式の日

入園式という特別な日は、子どもも保護者も緊張しています。明るく元気に、さわやかな雰囲気にしていきましょう。

入園式の朝

朝はさわやかに「おめでとう!」

＊保護者の方に、ていねいにあいさつ。

本日は、おめでとうございます。
ありがとうございます。
ペコリ

＊子どもの目線に合うようにしゃがんであいさつ。

○○ちゃん、おはようございます。
スッ
おはよう…

＊子どもの反応を受けて答える。

わー、元気にあいさつができました。○○ちゃんは、△△組さんですよ。これからいっぱい遊ぼうね。

式場に向かうとき

不安そうにしている子どもには無理強いしない

＊お母さん・お父さんといっしょでもいいことを伝える。

今日は、パパとママがいっしょだから、安心してね。
うわ〜ん

＊保護者にも、無理に離れようとはせず、そばにいてもらうことをお願いする。

今日は初めてで不安なので、無理せずに、いっしょにいてあげてください。
ひっく ひっく
はい…

ここがポイント

- 安心してもらうことが第一です。

ここがポイント

- それぞれの親子に向き合って、ひとりひとりにあいさつをしましょう。
- 笑顔で「おはようございます」と言うと、子どももあいさつを返しやすくなります。

入園式での自己紹介

第一印象が勝負！　笑顔でさわやかに

話し方の流れ・アドバイス

＊お祝いの言葉を言う。――**みなさん、ご入園おめでとうございます。**

＊名前を言う。――**○○組の□□□□です。「□□先生」と呼んでください。**

＊保育者自身が好きな遊びや、得意なことなどをあげる。――**先生は、お友達と鬼ごっこをしたり絵本を見たりするのが大好きです。**

＊締めくくりの言葉を忘れない。――**これからよろしくお願いします。**

ここがポイント

- 司会者がすでに述べている場合、お祝いの言葉は簡単に省略してもよいでしょう。
- 式がスムーズに進行するよう、簡潔にまとめましょう。

式の途中ではしゃぎだす子どもには

子どもの気持ち受け止めながら

＊司会者があえて注目して、元気のあることなどを褒める。

ここがポイント

- 初めてのことにドキドキワクワクする、落ち着かない気持ちをくみながら対応します。
- プログラムに、子どもが興味を持ちそうな歌や手遊びなども入れておきましょう。

保育室に入ってあいさつ

あらためて自己紹介

大好きなことが
三つあります。
1
あ〜
あ〜
パクパク
2
3

話し方の流れ・アドバイス

＊あらためてお祝いの言葉と自分の名前を言う。

みなさん、ご入園おめでとうございます。
○○組の□□と言います。

＊好きな食べ物や得意なことなどをあげる（下 自己紹介のバリエーション も参照）。
＊ジェスチャーをつけながら言うとわかりやすく、印象に残る。

□□先生は、大好きなことが三つあります。
ひとつめは、歌が大好きです。
ふたつめは、毎日ごはんをたくさん食べるのが大好き。だから、元気いっぱいです。
三つめは、お外で駆けっこや隠れんぼうをして遊ぶのが大好きです。

＊最後にひと言。

園には、すべり台やブランコや砂場もあります。ウサギやカメもいますよ。
明日からたくさん遊びましょうね。

ここがポイント

- 内容はできるだけ短く、長くても１分以内に収めましょう。
- さわやかなイメージで、印象深く語りましょう。
- この後、歌や手遊びをしてもいいでしょう。

自己紹介のバリエーション

＊名前を覚えやすく工夫する。

「みき先生」と呼んでくださいね。
みきの「み」はミカンの「み」。みきの「き」はきびだんごの「き」。ふたつ合わせて、みき先生。
あれ？ これで先生が食いしん坊だということが、みんなにわかってしまったかな。

終わりのあいさつ　ていねいに

＊今日一日がんばったことを褒める。

がんばったね～
拍手！
パチパチ
パチパチ

○○組のお友達、今日はとってもがんばってくれて、楽しい入園式になりました。

みんなでうたった歌も、とてもじょうずでしたよ。先生とおうちの皆様とで、拍手して褒めてあげましょう。

話し方の流れ・アドバイス

＊入園式を振り返って。
＊子どもの姿を認める。

＊拍手をしながら保護者に視線を移して話す。

話し方の流れ・アドバイス

＊あらためてお祝いの言葉を言う。

保護者の皆様、本日はおめでとうございます。

＊園生活で不安に思っていることや子どもの心配な点などは、焦らずに解決していくことを伝える。

子どもたちは、今日から園生活が始まりました。新しい環境に慣れるまで、お子さんも保護者の皆様もたいへんだと思いますが、どうか焦らずにゆっくりと、園生活のリズムをつかんでほしいと願っています。ご心配なことがありましたら、なんなりとお尋ねください。

＊今日の子どもについて、家に帰ってからの配慮・対応などをお願いする。

今日は、どのお子さんも緊張感を持って入園式に参加したので、たいへん疲れていると思います。おうちに帰りましたら、今日のがんばりをたくさん褒めてあげて、ゆっくり休息を取っていただきたいと思います。

＊最後にお礼を言う。

本日はありがとうございました。

ここがポイント

- 子どももいっしょなので、長くならないようにします。
- 細かい連絡や確認事項は、プリントにしておくとよいでしょう。

4月6日～15日ごろ

4月 春の全国交通安全運動

園生活がスタートしたばかりのこの時期に、正しい交通ルールを身につけて、安全に登降園できるようにしましょう。

交通安全指導とは？

身近な例でわかりやすく

交通ルールを
守りましょう。

話し方の流れ・アドバイス

＊交通安全運動の意味について説明する。

今、「春の全国交通安全運動」が行なわれています。道路を歩く人も、自転車に乗る人も、自動車を運転する人も、みんなで交通ルールを守って、事故のないようにしましょうというものです。

＊子どもたちの身近なこととして注意を伝える。

みなさんも、園に来るときや帰るとき、おうちの近くで遊ぶとき、道路では気をつけてくださいね。

＊子どもたちにも考えさせて、わかりやすいように、身近な例を示す。

＊交通ルールを守るように呼びかけて、約束する。

いつも、どんなことに気をつけたらいいと思いますか？

（子どもたちの発言を確認して）

道路を歩くときはおうちの人としっかり手をつなぐ。信号を守る。道路で遊ばない。道路に飛び出さない。雨の日は傘を振り回さない……。たくさんありますね。事故に遭わないように、きちんと交通ルールを守りましょう。

ここがポイント

- ポスターやパンフレットなどがあれば、見せながら話すと伝わりやすいです。
- 全国交通安全運動の期間以外に、長期休暇に入る前などに伝えてもよいでしょう。

降園時に

門から飛び出そうとする子どもには必ずひと声かける

＊ひとりで走りながら門に向かってきたら、足を止める。

＊ひと声かけると落ち着く。

＊保護者にも意識していただくよう、ことばがけをする。

ここがポイント

●はしゃいでいる子どもは、話を聞いていないことが多いので、落ち着かせてから伝えましょう。

散歩や園外保育で

信号を守って右側通行

＊前もって、手をつないで並んで歩くことを約束しておく。

＊保育者が誘導しながら、歩道がない道路では右側を歩く。※必要に応じて一列にも。

＊道路を渡る手前で、みんなで信号を確認する。

ここがポイント

●事前に説明や約束をしておきますが、各場面で、そのつどことばがけをして確認することで、交通ルールが身についていきます。

園によっては毎月

4月 避難訓練

いざというとき、すばやく安全に避難できるよう、訓練しておきます。また、子どもたちが怖がらないように配慮することも必要です。

避難訓練って何？

なぜ避難訓練をするのか

＊避難訓練への興味付けをする。

＊逃げる練習をすることを伝える。

ここがポイント

●不安な気持ちになる子どもがいるかもしれません。安心できることばがけをしましょう。

ここがポイント

●子どもが一度にたくさんのことを覚えるのは無理です。まずは保育者の指示に従うということから伝えましょう。

初めての避難訓練

落ち着いて保育者の指示どおりに

＊非常ベルが鳴ることを伝える。

＊「お・は・し」の約束を伝える。

＊落ち着いて言葉をかけながら、子どもたちを誘導する。

4
月

火事に対する避難訓練

煙を吸わないようにして戸外へ

＊火事のときは、煙が危険だと伝える。

＊煙を吸わないように、口と鼻をハンカチで覆う。

＊非常ベルが鳴ったら子どもたちを誘導する。

ここがポイント

- 消防署に協力していただける機会があれば、アドバイスをしっかりと聞いておきましょう。

地震に対する避難訓練

揺れがおさまるまで安全な場所で頭を隠す

＊保育者が的確に指示をする。

ここがポイント

- 日ごろから園内の整理整とんを心がけ、安全な場所を確保できるようにしておきましょう。
- 上靴を履いたまま外に出ましょう。

不審者に対する避難訓練

園の職員全員が、必ず子どもを守る

＊不審者から離れて、安全な場所まで誘導する。

ここがポイント

- 先生たちみんなで子どもたちを守ることを伝えて、安心感を与えましょう。
- 最寄りの警察署や地域の方々との連携も深めておきましょう。

※p.90「防災の日」・p.109「秋の全国火災予防運動」も参照。

毎月

4月 身体計測

毎月行なう身体計測では、「大きくなったね」など、子ども自身が成長した喜びを感じられるようなことばがけをしましょう。

初めての身体計測

見慣れない測定機器に対して、不安がらないように

話し方の流れ・アドバイス

＊体が成長することへの興味付けをする。

みんなはごはんをいっぱい食べて、たくさん遊んで、夜はぐっすり眠っているから、**体がどんどん大きくなっていくね。**
背の高さはどれくらいあるかな？
体の重さはどうかな？

＊身体計測を行なうことを伝える。

今から、身長計と体重計を使って、**みんながどれだけ大きくなったのか、はかってみようと思います。**

＊子どもが安心できる方法で、手順を伝える。

まずはぬいぐるみのウサギさんをはかってみるから、**どうやってやるのか見ていてね。**

ここがポイント

●ぬいぐるみを使うことで、身長・体重のはかり方を、子どもたちにわかりやすく知らせることができます。初めてのときには、前日に見せておいてもよいでしょう。

服を脱ぐのをいやがる子どもに

不安な気持ちに寄り添う

＊みんなが服を脱いでいる中、ポツンと立ったままの子どもに言葉をかける。

○○くん、どうしたの？
ぬぎたくない……
モジモジ

＊子どもの気持ちに共感しながら原因を探る。

恥ずかしいのかな？それとも怖いのかな？
エ～ン

＊服を着たままでもいいと伝える。

わかった。じゃあ、服を着たままはかろうか？それならだいじょうぶ？
うん

ここがポイント

●無理強いすると、子どもは園がいやになることもあります。後で服の重さを引きましょう。

身体計測中

自分の体の成長に興味が持てるように

＊全員が服を脱いで準備できたら、順番に名前を呼ぶ。

○○くん、背中を付けてここに立って。
はい

＊子どもの身長を読み上げる。

身長は○○センチです。次は体重計に乗ってね。

＊子どもが成長を実感できるようにする。

体重は○○キロです。この前より大きくなったね。健康手帳に書いておくから、おうちの人に見てもらってね。
やったー おおきくなった！

ここがポイント

●ひとりひとりに言葉をかけながらはかると、子どもたちは自分の体の成長に興味を持ちます。

毎月

4月 誕生会

誕生児にとっては、主役として人前に出る初めての機会かもしれません。期待を膨らませて、みんなでお祝いできるようにしましょう。

初めての誕生会の前

お楽しみを予告しておくと期待が膨らむ

明日は
とっても
楽しいことが
あります。
おたんじょうび
おめでとう
パチパチ
パチパチ

話し方の流れ・アドバイス

＊誕生会の予告をする。

明日（今日）はとっても楽しいことがあります。それは、4月に生まれたお友達をお祝いする、「誕生会」です。

＊誰の誕生会なのかを知らせて、園のみんなでお祝いすることを伝える。

遊戯室（ホール）に集まって、年中や年長のお兄さん・お姉さんもいっしょにお祝いします。○○組さんでは、○○ちゃんと△△ちゃんが4月生まれなので、お祝いしてもらいます。○○ちゃん・△△ちゃん、おめでとう。みんなで拍手！

（拍手が止《や》んだところで）

＊楽しい内容の集会だということを伝えて、誕生会への期待につなげる。

明日（今日）は歌をうたってお祝いしたり、楽しいパネルシアターを見たりしますよ。○○ちゃんと△△ちゃんには、みんなからのプレゼントもあるから、楽しみにしていてね。

ここがポイント

●いきなり集会に参加すると、不安を感じる子どもも出てきます。楽しい会であるということがイメージできるように、前もって伝えておきましょう。

誕生会に参加する保護者に

保護者自身から、誕生児が生まれたときの話を聞く

＊保護者に向かって、子どものようすを伝える。

数日前から、
お母さん（お父さん）が
来てくださるのを、
とても楽しみに
していたんですよ。
ねえ、○○くん
エヘヘヘ

＊妊娠中や、生まれてきたときの話を聞かせてもらう。

○○くんが
生まれたときは、
どんな赤ちゃん
でしたか？
おなかにいるときはよくけってきて、
わたしがおなかをポンとたたくと、
またキックを返してくれました。
仲良くお話をしているみたいでした。
「早く生まれてこないかな」と、
家族みんなで楽しみにしていました。
生まれてくると、
手足をいっぱい動かして、
とても元気のいい
赤ちゃんでした。
今でも元気な○○です。

ここがポイント

●おうちの人から話を聞くことで、子どもも誕生に込められた気持ちを受け止めることができます。

誕生日当日の保護者に

お祝いの言葉とともに、園でのようすや子どもの成長ぶりを伝える

＊誕生日当日。

今日は○○ちゃんの
お誕生日ですね。
おめでとうございます。
ありがとう
ございます。

＊誕生会前の場合…園でのようすを伝えて、誕生会に期待していただく。

最近はお友達も増えて、
毎日楽しそうに遊んでいますよ。
○日に園で誕生会をしますので、
楽しみにしておいてくださいね。
はい、
今から楽しみに
しています。

＊誕生会後の場合…誕生会でのようすを伝えて、子どもの成長をともに喜ぶ。

みんなから「おめでとう」って
声をかけられて、ちょっと恥ず
かしそうにしていましたが、
ちゃんと「ありがとう」って
言えていましたよ。
そうですか。
偉かったね！

ここがポイント

●保護者が誕生会に参加しても、しなくても、保育者からお祝いのひと言があると、保護者もうれしくなります。お祝いの気持ちを保護者と共有しましょう。

誕生日当日の保育室で

みんなが「おめでとう」の気持ちを持って

お誕生日
おめでとう！
ありがとう。
おめでとう！
おめでとう！

話し方の流れ・アドバイス

＊子どもたちに問いかけて、関心を引く。

今日はとてもすてきな日です。
さて、なんの日でしょうか？
（子どもたちの反応を見ながら、誕生児を招き寄せる）

＊クラスみんなで誕生児をお祝いする。

正解は、○○くんの誕生日です。
みんなでお祝いの言葉を言ってあげようね。
○○くん、お誕生日おめでとう！
（子どもたち）**○○くんおめでとう！**
（誕生児）**ありがとう。**

＊誕生児に、自分の誕生日は家族にとっても特別な日だということを伝える（p.41 季節のエピソードのバリエーションも参照）。

○○くんが生まれた４月は、サクラの花が満開だったり、チューリップが色とりどりの花を咲かせたりする季節です。
おうちの人もきっと、サクラの花が咲くのを見ながら、○○くんが生まれてくるのを楽しみに待っていたんですよ。

ここがポイント

●一年中掲示している誕生表にリボンをつけたり、壁面やホワイトボードにお祝いのメッセージや似顔絵などを描いたりすると、誕生児はうれしいでしょう。また、これから誕生日を迎える子どもたちも、期待が膨らみます。

季節のエピソードのバリエーション

＊子どもの誕生月に合わせて紹介する。

○○ちゃんが生まれた○月はね……
……。おうちの人は、こんな季節を感じながら、○○ちゃんのことを待っていたんだね。

5月

さわやかな風が吹いて、気持ちのいい季節です。
空には元気なこいのぼりが泳いでいます(5日以降なら「泳いでいました」)ね。

6月

雨の日が増えてきて、カエルやカタツムリが大喜びしています。
きれいなアジサイの花も咲くころですね。

7月

だんだん暑くなってきて、七夕《たなばた》のササ飾りに願い事を書いた短冊を付けたり、毎朝アサガオの花を見たりするのが楽しみな季節です。

8月

太陽に負けないくらい元気に鳴くセミや、まっすぐに伸びるヒマワリは、大好きな夏の暑さを楽しんでいるみたいです。

9月

少しずつ涼しくなってきた空をトンボが飛び、コスモスの花が咲いています。
夜にはお月さまを見ながら、虫たちが鳴き始めます。

10月

「実りの秋」と言って、おいしい果物や野菜がいっぱいとれるころです。
体を動かして元気に遊ぶのも、気持ちがいいですね。

11月

少し寒くなってくると、モミジやイチョウの葉っぱが、赤くなったり黄色くなったりします。山に行くと、きれいな紅葉が見られますよ。

12月

一年の最後の月です。
みんなが大好きなクリスマスが過ぎると、おもちつきや大掃除など、お正月の準備がいっぱいですね。

1月

新しい年になって、みんなが「おめでとうございます」とあいさつをします。
一年がスタートして、新しい気持ちで過ごす季節です。

2月

寒い日が続いて、風がとても冷たい季節です。
でも、空気が澄んでいるから、夜になると、お星さまがいっぱい見えるんですよ。

3月

暖かくなってくると、ツクシが生えてきたり、モモの花が咲き始めたりします。
もうすぐ春になるって思うと、ワクワクする季節です。

4月 登降園時の対応

子どもがまだ園に慣れていない時期には、不安な気持ちになったり、体調を崩したりしがちです。細かい対応を心がけましょう。

毎朝の登園時

短い時間でも情報交換の場に

＊子どもと握手しながら、元気良くあいさつをする。

○○ちゃん
おはようございます。
お母さん
おはようございます。
おはよう
ございます。
せんせい
おはよう！

＊子どもが期待を持てるひと言を添える。

元気にあいさつができましたね。
今日は天気もいいから、外でいっぱい遊ぼうね。
やったー！

＊健康観察をして、気になることがあれば、保護者に確認する。

顔色は？
体調は？
ケガは？
あれ？ ○○ちゃん、手をケガしたんですか？
はい。実はきのう、公園で転んだんです。
そうなんですか……

＊子どもに目線を合わせながら共感する。

○○ちゃん、
痛かったね。
うん、
ちょとだけ、
ちがでた。

＊保護者が安心できるような対応を示す。

念のため、
園でも気をつけて
見ておきますね。
よろしく
お願いします。

ここがポイント

●朝は保育者も忙しく、バタバタしがちですが、気になることがあれば、その場で保護者に確認して、子どもが安心して過ごせるように対応しましょう。

泣きながら登園して来たら

子どもの気持ちを受け止め、保護者に安心していただく

＊笑顔で子どもの手を握ってあいさつ。

○○ちゃんおはよう。今日もがんばって来てくれたね。
ウサギちゃんが待っているよ。カバンをかたづけて遊びに行こうね。
エ〜ン

＊保護者に安心していただく。

部屋に入ればだいじょうぶですよ。いつもすぐに泣き止んでいますので、安心してください。
エ〜ン

＊子どもの気持ちをしっかり受け止め、落ち着くまでかかわるようにする。

ちょっぴりさびしいね。
いってらっしゃ〜い！
グスン

ここがポイント

●どうしても離れられない場合は無理をせず、保護者のつごうがつくようなら、しばらくいっしょにいてもらいましょう。

不安な顔で登園して来たら

詳しいようすを聞き、対応のしかたを伝える

＊保護者から子どもの体調について話を聞く。

はい、わかりました。職員みんなで気をつけて見ておきますね。
お願いします。

＊子どもに安心感を与える。

○○くん、おなかの調子が悪いんだね。おなかが痛くなったら、先生に言ってね。
うん

＊保護者に連絡先の確認をしておく。

もし発熱した場合は、お迎えをお願いすることになると思います。今日はご自宅にいらっしゃいますか？
携帯電話の番号は……
え〜と…

ここがポイント

●子どもの不安を取り除き、安心して過ごせるようにしましょう。
●降園時に必ず、その日のようすを保護者に報告しましょう。

降園時

保護者とコミュニケーションを図り、信頼関係を深める

＊保護者に子どものようすを報告する。
おかえりなさい！
○○ちゃん、今日は元気に過ごせましたよ。
楽しかった？
うん
＊今日印象に残った遊びを振り返る。
砂場に行って、ケーキを作ったんですよ。
あら、そうなの。
ケーキつくったの！
＊子どもにも語りかけながら、次の日の期待につなげる。
園庭に落ちていた花びらをいっしょに拾って、飾り付けもしたんだよね。
明日もたくさん遊ぼうね。
楽しみだね。
またケーキつくりたい！
＊保護者の前で褒めることで、子どもは自信を持ち、保護者も安心する。
＊家庭でのコミュニケーションにも役だつように。
トイレもひとりで行けて、楽しそうに歌をうたったり、紙芝居を見たりしていました。
おうちに帰ってからも、お話を聞いてあげてくださいね。
トイレもできたの？
うん
＊連絡事項の確認をする。
かばんにお便りが入っていますので、後でご覧ください。
ではまた明日、さようなら。
わかりました。
せんせいさようならー

ここがポイント

- 保護者も入園してしばらくは、子どものようすが気になります。小さなことでも何かひと言伝えると、保護者は安心します。

保育中のケガやトラブルについて

事実関係を整理して報告する

＊保護者に状況を説明する。

今日、○○ちゃんが園庭で駆けっこをしているときに転んで、ひざをケガしたんです。
えっ！！

＊謝罪して、どんな手当や対応をしたのか説明する。

こちらの不注意で申し訳ありません。水で洗って消毒をしています。
おうちでも、ようすを見てあげてくださいね。
はい
痛かった？
うん

＊その後の子どものようすなどを報告する。

でも○○ちゃんは泣かずに、元気に遊んでいましたよ。
よくがんばったね。
うん

ここがポイント

●園で起こったことなので、謝罪の言葉を添え、そのときのようすと対応を詳しく伝えると、保護者も安心します（各園の方針を優先してください）。

保護者から話があると言われたら

保護者の話には必ず耳を傾ける

＊話を聞こうとする姿勢を示し、園のつごうを伝える。

先生、一度お話ししておきたいことがあるんですけど……
朝の時間や保育中は、子どもたちがいますので、降園時でもよろしいですか？

＊保護者の予定を聞く。

じっくりお話を聞かせてもらえるのなら、あらためて時間をとります。いつがよろしいですか？
それでは○日の○時にお願いします。
え〜と…

＊日時を確認し、約束をする。

○日の○時ですね。わかりました。お待ちしています。
お願いします

ここがポイント

●保育後に時間をとることで、じっくり話を聞くことができます。話し合いの場を持てることで、気持ちがすっきりする保護者も多いです。

4月 その他の記念日など

子どもに話すヒントとして、保育者も知っておきましょう。

今日の給食は、
こんな大きな
ケーキです。
やったー!

4月1日 エイプリル・フール

今日は「エイプリル・フール」と言って、うそをついてもいい日です。
どうしてこんな日ができたかのというと、昔ヨーロッパでは、4月1日が新年だったので、3月25日からお祝いのお祭りをしていました。ところが王様が1月1日を新年に変えてしまったため、4月にお祭りができなくなってしまいました。
そこでみんなは“うその新年”として、4月1日に楽しく騒ぐようになったそうです。
みんなも楽しいうそを考えてね。

……というのは
うそでした。
えー!
せんせい
うそついたの?
ひどーい!

ごめんね。今日は
エイプリル・フールなので、
みんなが驚くことを
言ってみました。
エイプリル・
フールってなに?
?
?

4月8日 花祭り(灌仏会《かんぶつえ》)

仏教の開祖であるお釈迦《しゃか》様の誕生日です。
お寺の境内にお花で飾った花御《はなみ》堂《どう》を作り、その中に誕生像《たんじょうぶつ》を飾ります。参拝者が誕生仏に甘茶を注ぐ、仏教の行事です。

4月29日 昭和の日

以前は「天皇誕生日」でしたが、1989年から「みどりの日」になり、2007年には「激動の日々を経て、復興を遂げた昭和の時代を顧み、国の将来に思いをいたす」という趣旨で、「昭和の日」となりました。

5月の ことばがけ・スピーチ

- こどもの日 …………………… p.48
- ゴールデンウィーク ……… p.50
- 園外保育（遠足） …………… p.52
- 母の日 ………………………… p.55
- 保育参観 ……………………… p.56
- 健康診断 ……………………… p.58
- その他の記念日など ……… p.60
  八《はち》十《じゅう》八《はち》夜《や》／愛鳥週間

5月 5月5日 こどもの日

こどもの日の集いでは、昔ながらの伝統行事を生かしつつ、日ごろの保育も取り入れて、楽しく遊びましょう。

こどもの日の集い前日

行事に期待しながら、意味や由来にも興味が持てるように

じょうずにできたね!
できたー
せんせいみてー
みせて

話し方の流れ・アドバイス

＊自分たちが作った製作物（こいのぼり）を行事に使うことを伝える。

明日は、みんなで作ったこいのぼりを園庭に飾って、こどもの日の集いをします。

（子どもたちの反応を受けて）

＊楽しい内容を予告すると、期待が膨らむ。

歌をうたったりみんなでダンスをしたりして、楽しい会になると思います。
おいしいおやつもあるかもね。

＊意味や由来を伝えて、伝統行事への興味付けをする（p.49 意味・由来「これ知ってる？」も参照）。

こいのぼりは、コイが滝を登っていくように、つらいことにも負けない、りっぱな人になってほしいという願いを込めて揚げます。
みんなが元気にスクスク育ちますようにと、こいのぼりも見ていてくれるでしょう。

ここがポイント

●男の子も女の子も関係なく、園にいる子どもたち全員の成長を願うことを伝えて、みんなで楽しく参加できるように話をしておきましょう。

意味・由来「これ知ってる?」

＊子どもに話すヒントとして、保育者も知っておきましょう。

端午《たんご》の節句《せっく》

「こどもの日」は「端午の節句」とも言います。
昔は5月5日のことを「端午」と呼んでいて、「端午の節句」というのは、男の子の成長をお祝いする行事でした。
今は男の子も女の子も関係なく、みんなが大きくなるようにお祝いする日です。

こいのぼり

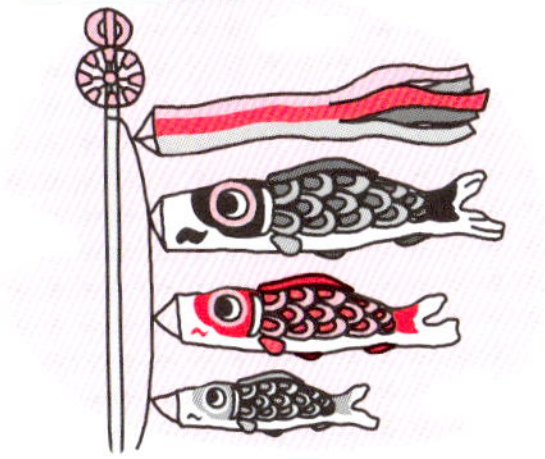

昔のお侍《さむらい》さんの家では、端午の節句に、家紋という家のマークをつけた旗や吹き流しと呼ばれるお侍さんだけの飾りを、玄関の前に並べていたそうです。
お金持ちの人たちがそれをまねして、旗の代わりにこいのぼりを立てるようになったと言われています。

五月人形

昔の人は、戦うときによろいを着てかぶとをかぶり、刀ややりから自分の体を守っていました。
命を守ってくれるよろいやかぶとを、人形として飾るのは、おうちの人が、みんなを事故や災害から守ってくださいと、お願いしているからです。

かしわもち・ちまき

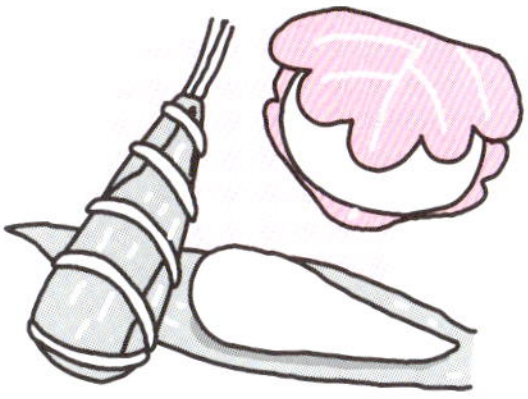

カシワの木は、新しい芽が伸びるまで、古い葉っぱが地面に落ちません。カシワと同じように、子どもと家族が元気でいられますようにと願って、かしわもちを食べます。
ちまきは形が毒ヘビに似ています。毒ヘビを食べたつもりで毒に慣れておけば、病気や悪いものに負けない、強い体になれると考えていました。

4月終わり〜5月初めごろ

5月 ゴールデンウィーク

ようやく園に慣れたところでの大型連休です。連休明けは、無理なく園の生活リズムを取り戻せるようにしましょう。

連休前

祝日の意味を知らせて、家族と楽しく過ごせるように

話し方の流れ・アドバイス

＊子どもたちに問いかけて、関心を引く。

みなさん、明日からいくつお休みが続くか知っていますか？
（子どもたちの反応を受けて、カレンダーを見ながら）
そうです。三つ続きますね。

＊「どんな日なのか」と、「祝日だから休みになる」ということを伝える。

3日《みっか》は「憲法記念日」です。日本の憲法という大切な決まりができたことをお祝いして、もっと良い国になるようにと願う日です。
4日《よっか》は「みどりの日」です。緑の木がたくさんあると気持ちが良くて、空気もきれいになります。だから、木を大切にして、もっと増やしましょうという日です。
5日《いつか》は「こどもの日」。みんなが健康でスクスク育ちますようにと願う日です。

＊連休と休み明けの登園に期待が持てるようにする。

お休みの間、おうちの人と楽しく過ごして、6日《むいか》には元気に来てくださいね。
お休みが終わったら、遠足がありますよ。

ここがポイント

- 祝日の意味や由来をしっかりと理解するのは、まだ難しいです。「○月○日は○○の日だね」と、暦《こよみ》や祝日に興味を持つきっかけになればいいでしょう。

連休明けで不安な登園

園の楽しさを思い出せるように

＊久しぶりに会えたことを喜びながら、元気にあいさつをする。

○○ちゃんおはよう！
元気だった？
おはようございます
あれ？
しょんぼり

＊体調面と気持ちの面の両方で、不安の原因を探る。

どこかぐあいでも悪いんですか？　連休中はどうでしたか？
元気に過ごしていたんですけど、けさになって急にぐずりだして……
グスン

＊子どもの気持ちに共感しながら、保護者も安心できる前向きなことばがけを。

家族と過ごした連休が楽しくて、気持ちが園に向かなかったのでしょう。よくあることですので、心配なさらないでください。
そうなんですか？

ここがポイント

●今まで普通に登園していた子どもがいきなりぐずりだすと、保護者は心配です。よくあることだと伝えて、ていねいに対応しましょう。

連休明けの保育

楽しかった思い出を保育に生かす

＊連休を振り返る。

みんな
お休みの間は、
何をしたのかな？
ゆうえんち
いったー
えーっとねー

＊ひとりひとりに話を聞く。

ひとりずつ
順番に聞かせてね。
最初は○○ちゃん！
どんな話が
聞けるか
楽しみですね。
はーい
わたしが
いちばーん！

＊楽しかったことを絵に描いて、思い出として残せるように。

みんな
いろんなことを
したんだねー。
楽しかったことを、
後で絵に描いて
みましょう。
かんらんしゃ
をかこう……

ここがポイント

●ひとりずつみんなの前で発表するなど、じっくり話を聞きましょう。保育者や友達が聞いてくれたことに、きっと大満足するでしょう。

5月 園外保育(遠足)

子どもたちが大好きな園外保育(遠足)は、みんなが楽しみにしています。最後まで不安なく帰ってこられるようにしましょう。

園外保育(遠足)の前日

当日へ向けて期待を膨らませつつ、準備と心構えもしっかりと伝える

小さなイチゴ
大きなイチゴ
甘いイチゴ
すっぱいイチゴ

話し方の流れ・アドバイス

＊わざと意地悪なことを言うと、いろんな反応が返ってきて盛り上がる。

明日はいよいよイチゴ狩りですね。
晴れるかな？　雨かな？
（子どもたちの反応を受けて）**晴れたらいいね。**

＊保育者もワクワクしていることを伝えて、クラスの一体感を高める。

大きいイチゴ、小さいイチゴ、甘いイチゴ、きっと、いろいろなイチゴが食べられるでしょう。先生も楽しみです。

＊保護者任せでなく、子どもも自覚を持って準備できるようにする。

さて、ここでクイズ。みんなが持って行く物は、なんでしょう？（子どもたちの反応を受けて）**そうです。リュックサック・帽子・水筒・お弁当・おしぼり・レジャーシート……。**

＊楽しいことが控えているときは、ふだん以上に約束を守ろうとする。

遅れないように、今日は早く寝ましょうね。朝ごはんをしっかり食べて、できるだけうんちもすませてから来てくださいね。

ここがポイント

● 保護者から乗り物酔いの不安などを聞いている子どもは、バスなら座席を前のほうで保育者の近くにして、遠くの景色を見るように促すなどの配慮をしましょう。

親子遠足の出発前

保護者もワクワクしているということを理解して

話し方の流れ・アドバイス

（親子で園庭に集まってもらって）

＊元気な声で朝のあいさつをする。

○○組のみなさん、保護者のみなさま、おはようございます。

（あいさつを受けて）

今日は、元気にあいさつができました。

＊期待して出発できるようにする。

みんなでお空を見てみましょう。

五月晴れ《さつきば》の良い天気になりましたね。

＊団体行動であることを伝えて、帰ってくるまで楽しく過ごせるように意識していただく。

自由行動の時間までは、クラスでいっしょに過ごします。

ケガをしないよう、そして迷子にもなったりしないよう、楽しい遠足にしましょう。

それでは今日一日、よろしくお願いします。

ここがポイント

- 親子とも気持ちが高揚しています。うまく間《ま》をとりながら、大きな動作で指示を出していきましょう。
- おしゃべりに夢中で、話を聞いていない保護者がいるときには、「元気にお返事してください。○○組さん！」「（子どもたち）はい！」「○○組の保護者のみなさん！」「はい！」と、呼びかけてから話し始めると効果的です。

遠足で園に帰ってきたとき

みんなが最後まで「楽しかったね」と言えるように

留守番していたお友達や先生たちに、あいさつをしましょう。
（園で迎えてくれた人たちに向かって）**ただいま！**

ただいまー！
お帰りなさい

＊気持ちを落ち着かせてから帰りの会に。

がんばって歩いたね！
楽しかった？
おもしろかったー
おさかな
いっぱいいたー

話し方の流れ・アドバイス

＊前向きに取り組んだことを認めて、楽しかったでき事を振り返る。

最後までがんばって歩いて帰ってきたね。
今日の園外保育は楽しかったですか？
（子どもたちの反応を受けて）
いろいろなお魚さんを見ることができたし、
イルカショーもおもしろかったですね。
おうちの人にお話して教えてあげてください。

＊次の日につながることばがけをしながら、しっかりと休むように伝える。

明日は、楽しかったことをもっと先生に教えてね。それでは、今日は体も疲れているので、しっかりと休んでくださいね。

ここがポイント

●「家に帰るまでが遠足」とも言われます。また、帰ってきたらもうおしまいというのではなく、園外保育の内容を、次の保育に生かせるようにしましょう。

第2日曜日

5月 母の日

大好きなお母さん(保護者・世話をしてくれる人)に対して、「ありがとう」と感謝の気持ちを、すなおに伝えられるようにしましょう。

母の日の前

「ありがとう」って言われると、とってもうれしい

話し方の流れ・アドバイス

＊「母の日」の意味を伝えて、感謝する気持ちが持てるようにする(右下意味・由来「これ知ってる？」も参照)。

今度の日曜日は「母の日」です。

(子どもたちの反応を受けて)

「母の日」は、いつもみんなのお世話やお仕事で忙しくしているお母さんに、ありがとうの気持ちを伝える日です。

＊どんな気持ちでプレゼントを作ったのかを思い出す。

この前、大好きなお母さんの顔を描いたり、カーネーションに色を塗ったりして、プレゼントを作ったよね。

(子どもたちの反応を受けて)

＊プレゼントを渡すことを楽しみにして、すなおに「ありがとう」が言えるようにする。

お母さんにプレゼントを渡すときに、「お母さん、いつもありがとう」って言ってみてね。練習をしてみましょう。きっと喜んでくれますよ。

ここがポイント

- それぞれの家庭環境にも配慮して、お母さん以外の人にも感謝をする話をしたり、保護者の事情に合わせたプレゼントを考えたりしましょう(園の方針を優先してください)。
- 誰かから何かをしてもらったときは、「ありがとう」と言うことや、言ってもらえると相手もうれしいということも伝えましょう。

意味・由来「これ知ってる？」

＊なぜ「母の日」ができたかというと……

昔アメリカのアンナ・ジャービスさんという人が、死んでしまったお母さんのことを思い出す会を開きました。そのとき、お母さんのためにカーネーションを飾りました。みんながそれをまねするようになって、「母の日」ができたんですって。

5月 保育参観

初めての保育参観は、保育者も子どもたちも保護者も緊張します。特別なことを意識せず、ふだんどおりの保育を心がけましょう。

保育参観の初めに

まずは元気な声であいさつをする

＊子どもたちは、保護者の存在が気になるので、最初にあいさつをしておく。
今日はおうちの方がいらっしゃいますから、まずはおうちの方にごあいさつをしましょう。
さあ、後ろを向いてください。
＊みんなであいさつをする。
おはようございます！
＊次にいつものあいさつをすることで、子どもたちが落ち着く。
元気良くあいさつができました。では前を向いて、今度はいつものあいさつですよ。
せんせい おはようございます！
みなさん おはようございます！
＊子どもが落ち着いたら……
これも元気良くできました。先生これからおうちの方に少しお話しますから、ちょっと待っていてください。
＊保護者もふだんの子どもたちのようすが気になっているはずなので、ゆっくり見ていただくことを伝える。
みなさま、本日はご多忙の中、保育参観にご出席くださいまして、ありがとうございます。子どもたちもこの日を楽しみにしていました。今日はふだんどおりの子どもたちの姿をご覧ください。

ここがポイント

- 保育室全体がソワソワしていても、あいさつをして声を出すことで、少し落ち着いた雰囲気になるでしょう。
- 保護者がわかりやすいように、その日の日案や保育内容を書いた紙をはっておいたり、プリントしたものを配ったりしましょう。

保護者への最後のあいさつ　子どもたちの気持ちを伝えながら

ありがとうございました！

話し方の流れ・アドバイス

＊保育を振り返って、充実感を味わえるようにする。

〇〇組さん、**今日はおうちの方に来ていただいて、うれしかったね。**
いっしょにダンスを踊ったり歌をうたったりして、楽しかったでしょう。

＊みんなで考えたお礼の言葉なら、しぜんと感謝の気持ちが持てる。

最後にお礼を言いましょうね。
なんて言ったらいいかな？
（子どもたちの反応を受けて）
「今日はたくさん遊んでくれて、ありがとうございました」にしましょう。
（保護者のほうを向いて、みんなでお礼を言う）

＊子どもたちが満足していることを伝える。

子どもたちはおうちの方といっしょに遊べて、とてもうれしかったようです。

＊家に帰るまで気を緩めないようにしていただく。

しっかりと手をつないで、車に気をつけてお帰りください。
（ていねいに頭を下げながら）

＊保護者としてお礼を言う。

本日は、ありがとうございました。

ここがポイント

- 子どもたちが待っているので、短いお礼の言葉ですませましょう。
- 降園時は、走ってケガをしたり事故に遭ったりしないよう、気をつけていただきましょう。

5月 健康診断

初めての健康診断は、事前に検査のしかたを知らせておくことで、少しでも不安が減るでしょう。

内科検診の前

みんなが元気に過ごせるようにするために

＊子どもたちの、病院（お医者さん）に対するイメージを聞いてみる。

みんなは病院に行ったことある？
どんなときに行ったかな？
かぜをひいたとき
おなかがいたかったとき

＊お医者さんが来ることを知らせる。

今日はお医者さんが来て、みんなが元気かな？と、調べてくれます。
どんなおいしゃさん？
げんきだよ！

＊どんなことをするのか、わかりやすく伝える。

聴診器を胸や背中に当てて音を聞いたり……
こんなふうに
口の中を見たりします。
あ〜ん
ザワザワ……
みたことあるよ！
いたくない？
ちゅうしゃするの？

＊先生もそばにいるからと、安心させる。

先生もすぐ後ろにいるから、だいじょうぶ。安心してね！
待っているお友達は、静かにしておきましょう。
はーい！

ここがポイント

- 検診の絵本や絵カードを見たり話をしたりして、どんなことをするのか、わかりやすく伝えましょう。
- 不安そうな子どもには、「先生がついているからだいじょうぶ」とことばがけをして、安心できるようにしましょう。

耳鼻科・眼科検診の前

これから痛くならないかも診てもらう

＊耳鼻科・眼科検診があることを伝える。

今日は耳と目のお医者さんが、みんなのことを診てくれます。
みみはいたくないよー
わたしはいたくない

＊すぐに終わるからと、安心させる。

でも、これから痛くならないかどうかも診てもらおうね。
順番に診てもらいますが、あっという間に終わるからね。
ほんとう？
ほんとうだよー！

＊夏のプール遊びが楽しめるようにする。

お医者さんがだいじょうぶですよって言ってくれたら、夏のプールに入れるからね。
えーっ！プールだって！
やったー！

ここがポイント
●みんなが検診を受けることによって、プール活動につながっていくことを伝えましょう。

検診をいやがる子どもに

友達のようすを見せながら励ます

＊どうしても検診をいやがる子どもがいたら言葉をかける。

次は○○ちゃん……どうしたの？
モジモジ
あれ？

＊無理強いせず、しばらく友達のようすを見せるようにする。

恥ずかしいのかな？しばらくお友達のようすを見ていてね。
じゃあ先に、□□ちゃんね
はーい

＊保育者がそばについて励ます。

みんな平気だって。先生といっしょに座ろうか？
うん
やぁ

ここがポイント
●お医者さんは病気やケガを治してくれて、みんなの味方だということも伝えておきましょう。

5月 その他の記念日など

子どもに話すヒントとして、保育者も知っておきましょう。

お茶はどうやって作るか知ってる？
おみせでうってるよ
お茶の葉っぱを乾かしたりして、熱いお湯に入れておくんだよ。
しってるよ！おばあちゃんがのんでるもん。

5月2日ごろ 八十八夜《はちじゅうはちや》

※p.114も参照。

今の２月の初めごろを「立春《りっしゅん》」と言って、昔の暦《こよみ》ではそこから春が始まることになっていました。その「立春」の日から数えて88日目のことを、「八十八夜」と呼びます。
寒い時季の朝には霜《しも》が降りて、地面が冷たくなり、田んぼにイネを植えていても枯れてしまいます。「八十八夜」を過ぎると、もう霜が降りる心配がなくなるので、昔の人は、この日を待って田植えをしたり、お茶の葉っぱを摘んだりしていました。
だから毎年この時季になると、摘みたての新鮮なお茶が飲めるんですね。

みんなはどんなお茶が好き？
あついのはのめない
うんうん

八十八夜を過ぎたから、もうすぐ先生の大好きな、おいしいお茶がいっぱい飲めるのよ。
えーどうしてー？
はちじゅう……？

5月10日～16日 愛鳥週間

野生の鳥たちを、自然の中で大切にしていくための保護週間です。
1894年、アメリカで「植樹祭」と小鳥を守るための「バードデー」をいっしょに行なったのがきっかけです。
日本では、1947年４月10日に「第１回バードデー」が実施され、その後５月10日～16日が「愛鳥週間」となりました。

6月の ことばがけ・スピーチ

- 歯と口の健康週間（虫歯予防デー）p.62
- 時の記念日…………………… p.64
- 父の日………………………… p.65
- 給食参観…………………… p.66
- 登降園時の対応…………… p.67
- その他の記念日など……… p.68
衣《ころも》替《が》え／梅雨《つゆ》／夏至《げし》

6月 6月4日〜10日 歯と口の健康週間（虫歯予防デー）

みんなで歯の役割を考えながら、歯を大切にする意識を持てるようにしましょう。

歯と口の健康週間とは？

虫歯予防の意識を高める

話し方の流れ・アドバイス

＊「歯と口の健康週間」（虫歯予防デー）について、簡単に説明する。

今日は６月４日《よっか》で、６と４が「む・し」と読めることから、「虫歯予防デー」と言われていました。今日から10日《とうか》までを「歯と口の健康週間」と言いいます。歯を大切にすることをみんなで考えてみましょう。

＊子どもたちといっしょに歯の役割を考えてみる。

歯はとても大切です。どうしてみんなの口には歯が生えているのかな？

（子どもたちの反応を受けて）

そうです。ごはんやおやつをしっかりかんで食べるためですね。しっかりかんで食べると、元気な強い体になるんですよ。

＊虫歯があるとどうなるかを考える。

＊食後にきちんと歯みがきやうがいをして、歯を大切にすることを伝える。

では、虫歯があるとどうなるでしょう？

（子どもたちの反応を受けて）

痛くなるよね。

ごはんが食べられないと、体が弱くなっちゃうし、歯が痛いと、元気に遊べなくなります。

そうならないように、ごはんを食べたら歯みがきしたりおやつの後はうがいをしたりして、歯を大切に、口の中をきれいにしましょう。

ここがポイント

●歯に関心を持つ良い機会です。歯みがきの習慣へとつなげていきましょう。

歯科検診の前

虫歯になっていないかどうか

＊歯医者さんが来ることを伝える。

今日は歯医者さんが来ますよ。
えー！
どうして？

＊歯科検診の内容を伝える。

みんなの歯が虫歯になっていないか、ゴミは詰まっていないかを診てくれます。
わたしは……
ぼく、むしばないよ！

＊口を開ける見本を見せて、子どもたちが実際にすることを伝える。

あーん
こうやって、口を「あーん」と開けていれば、あっという間に終わります。
いたくない？
いたくないよ
あーん

ここがポイント

- すでに虫歯があるなどで、不安そうにしている子どもには、早く治療したほうが痛くないということを伝えましょう。
- 結果を保護者に報告するときに、家庭でのようすも確認して、歯を大切にすることへの意識を持っていただきましょう。

歯みがき指導のとき

「あ」「い」「お」で楽しく歯みがき

＊「あ」の口で、歯のかみ合わせ部分をみがく。

あー
口を大きく開けて、「あー」の口で奥の歯をみがくよ。
あー

＊「い」の口で、歯の表面をみがく。

いー
次は口を横に広げて、「いー」の口で小さく横に動かすよ。
いー

＊「あ」の口で奥歯などの裏側、「お」の口で前歯の裏側をみがく。

もう一度「あー」の口で歯の裏側をみがいて……
最後は「おー」の口で、歯ブラシを縦に持って、前歯の裏側をみがきます。
あー
おー

ここがポイント

- 正しい歯みがきのしかたをわかりやすく伝えましょう。絵や小道具を用意してもよいでしょう。
- 終わったら、きちんとみがけているかどうか、保育者がひとりずつチェックしましょう。

6月10日

6月 時の記念日

時計の役割を知らせて、園生活の中で、時間を守ることの大切さを考えてみましょう。

時の記念日のころ

時間の便利さ、大切さを知る

9時になったら
みんなが
園に来るね
12時になったら
お昼ごはん
3時になったら
おやつ

話し方の流れ・アドバイス

＊今日がなんの日なのかを伝えて、時計に関心を持つようにする。

6月10日《とおか》は、「時の記念日」です。

「時」っていうのは時間のことだけど、**保育室の中にも、時間を教えてくれる物があります。さて、なんでしょうか？**

（子どもたちの反応を受けて）

＊園生活が時間とともに進んでいることを伝える。

＊時計を持って、針を動かしながら説明するとわかりやすい。

そう、時計ですね。9時になったらみんなが園に来るし、12時になったらごはん、3時はおやつ、4時は帰る時間など、**みんなも時間に合わせていろんなことをしているね。**

＊時間を守ることを意識するきっかけに。

もし、時計が止まっていたらどうなるかな？

（子どもたちの反応を受けて）

そうだね。12時になったのにお昼ごはんが始まらなかったり、3時なのにおやつが出てこなかったりしたら、みんなはがっかりするね。**時間って、大事ですね。**

ここがポイント

- 子どもたちの身近なこととして話しましょう。
- 規則正しい生活を心がけるためにも、時間を守る大切さを伝えましょう。
- 最後に、みんなで『とけいのうた』などをうたってみてもいいですね。

第3日曜日

6月 父の日

お父さんについてみんなで話し合い、感謝の気持ちが持てるようにしましょう。

父の日の前

ありがとうの気持ちを伝えるために

話し方の流れ・アドバイス

＊子どもたちに問いかけて、関心を引く（右下意味・由来「これ知ってる？」も参照）。

今度の日曜日はなんの日か、みなさん知っていますか？

（子どもたちの反応を受けて）**「父の日」ですね。**

＊子どもたちにそれぞれのお父さんのことを聞く。

みんなのお父さんは、どんなお父さんかな？

（子どもたちの反応を受けて）

仕事をしているお父さん、料理を作ってくれるお父さん、いっしょに遊んでくれるお父さん、いろいろなお父さんがいるね。

＊好きな食べ物は何かな？　お休みの日は何をしているかな？　など、イメージを膨らませやすくする。

いつもみんなのためにがんばっているお父さんに、「ありがとう」の気持ちを込めて、お父さんの喜ぶことを考えてみましょう。

（子どもたちの反応を受けて）

＊「父の日」当日と週明けの登園に期待が持てるようにする。

「父の日」には、今みんなが考えたことをやってみてね。月曜日に来たときに、お父さんがなんて言ったか、先生に教えてね。

ここがポイント

● p.55「母の日」と同様、子どもたちの家庭環境に配慮し、父親以外の人たちにも感謝する気持ちを伝えましょう（園の方針を優先してください）。

意味・由来「これ知ってる？」

＊なぜ「父の日」ができたかというと……

アメリカの人たちが、「母の日」があるから、お父さんにも「ありがとう」って言う日を作ってあげようと考えてできました。

6月 給食参観

給食のメニューや食事風景を見てもらったり、家庭でのようすを聞かせてもらったりして、保護者といっしょに楽しく食べましょう。

給食参観でのあいさつ

安心・おいしい・楽しい給食参観に

話し方の流れ・アドバイス

＊保護者といっしょに食べる給食に期待を持ち、いつも以上に楽しい時間が過ごせるようにする。

○○組さん、今日はおうちの方がたくさん来られていますね。どうしてでしょう?
（子どもたちの反応を受けて）
みんなが食べている給食を、おうちの方はいつもうらやましく思っていたそうです。今日はみんなでいっしょに楽しく食べましょう。

＊子どもが静かに待てるように言葉をかけて、保護者の方々にお礼のあいさつをする。

今からおうちの方に話をしますから、少し待っていてくださいね。
（視線を保護者に向けて）
本日はたくさんご参加くださいまして、ありがとうございます。

＊食の安全・栄養や調理方法にも気を配っていることを伝える。

園の給食は、栄養士が献立を考え、調理師が子どもたちにおいしく食べてもらえるように、毎日工夫して作っています。

＊子どもといっしょに食事が楽しめるようにする。

お子さまと楽しく会話をしながら、ゆっくりお召し上がりください。

ここがポイント

- 準備からかたづけまで、ふだんのようすを見てもらえるようにしましょう。
- 個食や孤食になりがちな現代。家族がともに食事をすることの大切さを伝えます。

6月 登降園時の対応

雨の日の登園時や、たまにお父さんがお迎えに来られたときなどは、保育者から積極的にひと声かけていきましょう。

雨の日の登園時

保護者や子どもの立場で考えて準備をする

＊ねぎらいのひと言をかける。

おはようございます。雨の中、たいへんでしたね。歩きにくかったでしょう。
おはようございます。

＊雨でぬれることを予測して備えておき、保護者が安心できる対応をする。

○○ちゃん、どこかぬれていない？
ズボンがぬれた。
タオルでふいて、ズボンは保育室で着替えましょうね。
びちょびちょ

＊室内でも遊べるように、保育のバリエーションを考えておく。

今日は一日中雨の予報ですから、室内で新聞紙ビリビリ遊びをする予定です。
ストレス発散にはちょうど良さそうですね。

お父さんとの降園時

お父さんなりに気になることもある

＊保育者から話しかけて、会話のきっかけを作る。

今日はお父さんのお迎えですね。
うちの○○は、ちゃんとやっていますか？

＊日ごろから、子どものようすをよく観察しておく。

いつもお友達と仲良く遊んでいますし、
お父さんのことも、よくお話してくれていますよ。
そうなんですか、安心しました。

ここがポイント

●父親からはなかなか声をかけにくいものです。多くを語る必要はないので、子どもが取り組んでいることや、楽しいエピソードを伝えましょう。

ここがポイント

●雨の日はいつもより時間がかかり、ふだんよりも神経を使うことが多くあります。ねぎらいの言葉がひと言あると、たいへんさも軽減されるでしょう。

6月 その他の記念日など

子どもに話すヒントとして、保育者も知っておきましょう。

6月1日 衣《ころも》替《が》え

※園で決まっている場合もあります。

昔はみんな、着物を着ていました。暑くても、今みたいにクーラーや扇風機はなかったし、こたつやヒーターもなかったので、夏は暑くてたいへん、冬は寒くて震えてしまいます。それでは仕事にならないので、お役所で働いていた人たちが、6月になったら薄い生地の着物、10月になったら冬用の暖かい着物を着るようになりました。それが「衣替え」です。今でも、決まった制服を着ている学校や会社の人たちは、衣替えをします。おまわりさんも、半そでになっていますよ。

暑いので、先生は今日から半そでの服にしました。
ぼくもあつい
あーいいなー
みんなも暑かったら、おうちの人に、半そでがいいってお願いしてね。
そうしよっと
はーい!

そういえば、おまわりさんや駅員さんも、夏と冬で服が違います。「衣替え」をするの。知ってた?
えー、しらなーい!

6月中ごろ～7月中ごろ 梅《つ》雨《ゆ》

最近よく雨が降りますが、今は「梅雨」という時季です。
ジメッとしているので、いろいろなところにカビが生えたり、洗濯物が外に干せなかったりして困りますね。
でも、晴れの日ばかりが続くと、お水が足りなくなったり、お米や野菜が枯れてしまったりします。
だから、雨が降るのも大事なんだね。

6月21日ごろ 夏《げ》至《し》

※p.114も参照。

一年のうちで昼間がいちばん長く、夜がいちばん短い「夏至」という日です。
夏至を過ぎると、本格的な夏に向かって、どんどん暑くなっていきます。

7月の
ことばがけ
・スピーチ

- プール遊び……………………p.70
- 七夕………………………p.72
- クラス懇談会……………p.74
- プール参観………………p.75
- 海の日……………………p.76
- 夏休みの約束事…………p.77
- 夕涼み会・夏祭り………p.78
- お泊まり保育……………p.79
- その他の記念日など……p.80
  お盆／土用《どよう》の丑《うし》

7月初めごろ（地域による）

7月 プール遊び

みんなが水の感触を楽しみながら、安心して遊べるように、しっかりと約束をして、プール遊びへの期待につなげていきましょう。

プール開きの前

楽しく遊ぶための約束を、わかりやすく伝える

約束ね！
は〜い
いち・に・さん・し
つめたくてきもちいい！

話し方の流れ・アドバイス

＊プールのクイズで、保育者の話に集中。

毎日暑いね。こんな日はたくさんお水の入っているところで、泳いだり潜ったりして遊びたいな。さあ、その場所はどこでしょうか？
（子どもたちの反応を受けて）
大当たり！　プールです。

＊プールに入るときの約束を守るように伝える。
＊細かい約束事は、前もって伝えても覚えられないので、当日その場で言うようにする。

プールに入るときは、みんなで約束を守って、楽しくケガなどしないように入りましょう。まず、準備体操をしっかりして、体についている汚れを落としてからプールに入ります。ほかにもまだ約束があります。みんながプールで楽しく遊べるように、明日は先生の言うことをよく聞いて、しっかり守ってください。

＊プール遊びに期待が持てるようにする。

その後は、泳いだり浮き輪やビーチボールを使ったりして、いっぱい遊びましょう。

ここがポイント

- 約束事の内容は、ジェスチャーを交えるなどして、わかりやすく伝えましょう。
- 水の苦手な子どももいます。水の怖さを説明するのはほどほどにして、プール遊びの楽しいところを強調しましょう。

水を怖がる子どもに

不安な気持ちを理解して、できることから少しずつ

＊登園時…子どもが不安そうな顔で登園して来ても、笑顔で迎える。

おはようございます。○○ちゃん、おはようございます。
おはようございます。

＊子どものようすをうかがい、保護者から理由を聞く。

どうしたんですか？
プールで、顔に水が掛かるのを、いやがるんです。

＊子どもの気持ちに共感する。

ホッ！
スッ
先生も子どものころ、水が怖かったから、○○ちゃんの気持ちがよくわかるよ。
せんせいも？

＊プール遊び…子どもたちが水に慣れてきたら、少しずつ顔がつけられるようにする。

次はみんなで、ワニさんになってみよう！
できるところまででいいからね。
ワニさんだって
ドキドキ

＊降園時…子どもができたところまでを認めてあげ、保護者にも報告する。

せんせい、こう？
ジャバジャバ
○○ちゃん、すごーい！できたねー！
顔に水が掛かっても、平気だったんですよ。
かおつけワニさんもできたよ！
良かったね！

7月

ここがポイント

- 水の苦手な子どもにとっては、つらい毎日です。少しでも進歩があれば、大げさなくらいに褒めて、認めてあげましょう。
- 保護者にも報告して、安心していただきましょう。

7月 7月7日 七夕

みんなの願い事は？　どうしてササに飾るの？　由来を知らせ、夢を持って、楽しく製作をしたり飾ったりできるようにしましょう。

七夕の集いの前

願い事がかないますように

これは
なんでしょう？
カード？
かみ？

話し方の流れ・アドバイス

＊知らない子どもがいたら簡単に説明し、実際にササや短冊を用意するなどして、興味を持てるようにする(p.73 意味・由来「これ知ってる?」も参照)。

もうすぐ七夕《たなばた》さまです。
七夕のお話はこの間、紙芝居で見ましたね。
(子どもたちの反応を受けて、短冊を手にしながら)
さあ、これはなんでしょう？
(子どもたちの反応を受けて)
短冊《たんざく》と言って、みんなの願い事を書いてササに結ぶと、願い事がかなうんですよ。

＊保育者も同じだったことを伝えることで、身近な例として興味を持つ。
＊願い事はかなうと、信じてもらえるようにする。

先生も子どものころ、「大きくなったら幼稚園や保育園の先生になれますように」と願い事を書いてもらって、ササに飾りました。
今は願い事がかなって、みんなの先生になれました。すごいでしょう。

＊楽しんで願い事を考えられるようにする。

明日、みんなも短冊に書いて飾りますから、願い事を考えてきてね。

ここがポイント

●七夕は、夢いっぱいの行事です。子どもたちの想像力が豊かになるように、ことばがけをしましょう。七夕関連の絵本や紙芝居も読んでみましょう。

意味・由来「これ知ってる?」

＊子どもに話すヒントとして、保育者も知っておきましょう。

織姫と彦星のお話

昔、布を作るのがじょうずな織姫《おりひめ》という女の人と、牛の世話をする彦星《ひこぼし》という男の人が結婚しました。ふたりは結婚してから遊んでばかりいて、仕事をしようとしません。すると神様が怒って、お星さまでできた「天の川」という川を挟んで、ふたりを離ればなれにしてしまいました。

会えなくなってしまった織姫と彦星は、毎日さびしくて泣いていましたが、自分たちが遊んでばかりいたから、罰《ばち》が当たったんだと反省して、また一生懸命働くようになりました。

それを見た神様が、「一年に一度だけ、7月7日の夜、天の川に橋を架けてあげるから、会ってもいいよ」と言ってくれました。良かったね。でも、雨が降ると川の水が増えて、橋を渡れなくなってしまうんですって。晴れるといいのにね。

七夕祭り

昔中国では、7月7日に、布を作ったり針で縫ったりするのがじょうずになりますようにと、お願いするお祭りをしていました。日本でも7月に、御先祖様にお供えをして感謝したり、神様が体に掛けて踊るための布を作って、ササに掛けたりしていました。そんなお祭りや織姫と彦星のお話がくっついて、今の「七夕祭り」になったのです。

五色《こしき》の短冊

「五色」というのは、青(緑)・赤・黄・白・黒の五つの色のことで、昔の中国では、悪いものから人を守ってくれる、ありがたい色だと考えられていました。

だから、五つの色の短冊に願い事を書いてつるせば、きっとかなえられると思ったんでしょうね。みんなはどんな色が好き?

7月 クラス懇談会

１学期の子どものようすや今後の予定などを知らせて、
保護者の知りたいことを話し合えるようにしましょう。

始めと終わりのあいさつ

園からの報告と、保護者間のコミュニケーションの場に

話し方の流れ・アドバイス

始まり

＊お礼を言い、懇談会の進行予定と終了時間の目安を簡単に説明する。

みなさまこんにちは、本日はご多忙の中、クラス懇談会にお集まりいただき、ありがとうございます。
今日は、１学期の子どもたちのようす、夏期保育と夏休みの連絡をさせていただき、その後○○分まで懇談とさせていただきます。

＊保護者が発言しやすいようにする。
＊初めての懇談会なら、保護者の自己紹介から始めてもよい。

「懇談」の意味を辞書で調べてみますと、「打ち解けて話し合うこと」とあります。
質問や感想など、なんでもけっこうですので、どうかお気軽に、いろいろな意見をお聞かせください。よろしくお願いします。

終わり

＊ひとまず終了を告げる。

（話がまとまったら）そろそろ終了時間です。

＊夏休み中に心がけていただくことを伝えて、２学期に向けて充実した生活が送れるようにする。

夏休みに入るとしばらく子どもたちと会えませんが、早寝早起き、朝ごはんを食べるなど、家族で健康な生活を心がけて過ごしてください。２学期に元気な姿で登園してくれるのを、楽しみにしています。
（保育園の場合、夏の注意事項を話す）

＊最後にあらためてお礼を言う。

本日は暑い中、貴重なお時間をいただきまして、ありがとうございました。

ここがポイント

- 落ち着いて話すことを心がけましょう。
- 事前にお便りなどで懇談の内容を知らせておきましょう。
- 報告や夏休みの連絡などは、プリントを配っておくと、話が簡潔にまとまります。

7月 プール参観

子どもたちがプール遊びを楽しんでいるようすを、しっかりと見ていただけるよう、事前に十分な説明をしておきましょう。

プール参観前の降園時

口頭と配布物で、確実に伝える

＊降園時の保護者に、明日の確認をする。

明日はプール参観ですね。子どもたちの着替えや、プール遊びのようすを見ていただけますよ。
はい、楽しみにしています。
おかあさんがくるの？

＊日よけ対策など、準備しておいていただく内容を伝える。

プールサイドは暑いので、日よけ対策をしてください。日傘は危険を招くこともあるので、帽子をかぶってください。

＊時間を守っていただくようにお願いする。

後でほかのクラスもプールを使うので、時間厳守でお願いします。
はい、わかりました。

＊参観に集中していただくことを伝える。

話が盛り上がることがあるかもしれませんが、参観中は、子どもたちの姿を見てあげてください。
気をつけます。

＊保育内容をまとめたプリントを渡しておく。

これがプール参観の内容ですので、必ず目を通しておいてください。
よく見ておきます。
ぼくにもみせてー

＊親子ともに、期待してプール参観に臨めるようにする。

それでは明日、お待ちしています。
よろしくお願いします。

ここがポイント

- 当日は保育を進めているので、参観前にじっくりと話ができない場合があります。保護者には前日までに、準備や約束事などの説明をしておきましょう。

第3月曜日

7月 海の日

日本は周囲を海に囲まれた「海洋国家」です。子どもが海を大切にする気持ちを持てるように、話をしましょう。

海の日の前

海を大切にしよう

日本は海に
囲まれていてね…

話し方の流れ・アドバイス

＊「海の日」が祝日であることを伝えて、子どもの海に対するイメージを引き出す。

今度の月曜日は「海の日」で、お休みです。

（子どもたちの反応を受けて）

海ってどんなところでしょう？

（子どもひとりひとりの声を聞く）

＊子どもたちの声を取り上げながら、海への興味や関心がさらに広がるようにする。

広いよね。船が浮かんでいて、砂浜では、波がザブーンザブーンと寄せてきます。

みんなも泳いだり遊んだりしに行くよね。

海の水をなめたことがある？

（子どもたちの反応を受けて）

そう、海の水は、しおからいね。

『うみ』という歌もありますね。

海に住んでいるのは、魚だけじゃなく、イルカやクジラ、アザラシ、ペンギン、カニやエビ……、いっぱいいるよね。

＊海の大切さや「海の日」の意味を伝えて、海に感謝する気持ちを持つきっかけにする。

海はとても大切です。いつまでもきれいな海だといいですね。

みんなが住んでいる日本は、広い海に囲まれていて、海は世界中の国とつながっています。

「海の日」は、海に感謝して、日本がもっと良い国になりますようにと祈る日です。

ここがポイント

●絵本や図鑑なども用意して子どもたちの海に対するイメージを膨らませましょう。

7月20日ごろ～（地域・園による）

7月 夏休みの約束事

子どもたちにわかりやすく休み中の約束や予定を知らせて、夏休みを楽しく安全に過ごせるようにしましょう。

終業式後の保育室で

約束は、まねっこで覚えよう

＊夏休みを楽しみにしている子どもの気持ちを受け止める。

みんな、明日からの夏休み、楽しみだね！
ぼくはキャンプ！
わたし○○にいくのー

＊夏休みの約束を覚えて、守るように伝える。

病気にならないように、事故に遭わないように、今から言う約束を覚えて、しっかり守ってください。
はーい！

＊保育者のまねをして言うことで、約束を覚えられるようにする。

先生のまねっこをして、言ってみてください。
早寝早起き、朝ごはん
はやね　はやおき　あさごはん

＊わかりやすいように、約束事を区切って伝える。

外から帰ったら、手洗い・うがい
ガラガラ……
そとからかえったら……

＊言えたことを認めて、約束を守るように念を押す。

じょうずに言えましたね。これが守れたら、楽しい夏休みになりますよ。
やったー！

ここがポイント

- 年齢に応じて、内容を詳しく説明しましょう。
- ジェスチャー、保育絵本やカードなどを取り入れると、覚えやすくなります。
- お便りなどにも書いて、約束を守れるように、保護者の理解と協力をお願いしましょう。
- 保育園では、長い休みを取る保護者への個別の対応をこのページを参考に考えてみてください。

約束事のバリエーション

◉ごはんやおやつは、決まった時間に
◉毎日歯みがき忘れずに
◉テレビやゲームは時間を決めて
◉道路や危ないところで遊ばない
◉知らない人には、ついて行かない

7月 夕涼み会・夏祭り

いつもの園行事とは、内容も雰囲気も違います。子どもたちが少しでも楽しめるように、ことばがけをしていきましょう。

夕涼み会・夏祭りの前

役員さんにも感謝をしながら、親子が期待して参加できるように

＊夕涼み会（夏祭り）の予告をする。

○日は夕涼み会（夏祭り）です。夕方になったら、おうちの人と来てくださいね。
えー、ゆうがたにくるのー？

＊内容を知らせて、前もって準備をしてくださっている方がいることを伝える。

ゲームやくじ引き、食べ物コーナーもありますよ。
みんなのために、大人の方たちが準備してくださっています。会ったらお礼を言いましょう。
はーい！

＊子どもたちが、期待を膨らませて参加できるようにする。

楽しみだね。
なにきてこようかな？
ワクワク
ゆかたかな？

当日来られた保護者に

ふだんとは違う園の雰囲気を、家族いっしょに楽しんでいただく

＊クラスの家族を見かけたら、すぐに声をかける。

○○ちゃん、今日はおうちの人といっしょで良かったね。
こんばんは。ご家族でのご参加、ありがとうございます。
こんばんは
うん

＊家族でゆっくり楽しんでいただけるように伝える。

お時間まで、ごゆっくりお楽しみください。
○○ちゃん、今日はヨーヨーすくいとくじ引きを楽しみにしていたのよね。
はい

ここがポイント

- 次々来園されるので、話は短く、クラス全員の家族に声をかけるようにしましょう。
- 初めてお会いする家族には、簡単に自己紹介をしましょう。

ここがポイント

- 夕涼み会は、保護者会（ＰＴＡ）の役員の方が中心となり、準備をしてくださることが多いでしょう。必ず感謝の気持ちを伝えましょう。

7月 お泊まり保育

多くの子どもにとって、初めてのお泊まり保育です。不安を少しでもやわらげ、友達といろいろな経験を楽しめるようにしましょう。

お泊まり保育の前

期待と不安を感じながらも、貴重な体験になるように

＊お泊まり保育の予告をする。

もうすぐお泊まり保育ですね。
園に泊まるのは、年長組だけですよ。
おとまりだって
ここでねるの？

＊家族と離れて泊まったことがあるかどうか、聞いてみる。

おうちの人と、離れて泊まったことがある人はいるかな？
おじいちゃんのいえなら、とまったことがある。
ある？
ないよ
は一い

＊保育者がいっしょだから安心だということを伝える。

心配しなくても、先生や友達もいるから、だいじょうぶです。
楽しいことが、たくさん待っていますよ。
たのしいことって、なーに？

＊楽しい内容を少しだけ伝えて、子どもたちの期待を膨らませる。

料理を作ったり、先生たちの劇を見たり……
キャンプファイヤーや花火も……
いっぱいありすぎて、後は当日のお楽しみにしておきましょう。
おりょうりつくるのー？
どんなげき？
ワクワク

ここがポイント

●楽しいことは小出しにしておいて、当日の期待へとつなげていきましょう。

ここがポイント

●保護者に前もってアンケートに答えていただくなどして、おねしょや心配されていることを把握しておきましょう。行事の意味を伝えることを忘れずに。

朝の受け入れ時

保護者と連携して子どもに配慮する

＊当日の受け入れは明るく迎えて、子どもの前では心配事を話さないようにする。

アンケートどおりですね？
こんにちは
はい、お願いします。
ワクワク

7月 その他の記念日など

子どもに話すヒントとして、保育者も知っておきましょう。

おじいちゃんや
おばあちゃんが、
遠くに住んでいる人は
いるかな？
はーい！
なつやすみに
あいにいくよ！
わたしも！

7月13日～16日 お盆

※旧暦の７月なので、実際は８月に行なう地域が多い。

お盆には、死んでしまった御先祖様が帰って来ると考えられています。御先祖様は怖いおばけじゃなくて、みんなが元気に過ごしているかを見に来るだけだから、安心してね。
家族や親せきの人たちが集まって、いつも御先祖様が見守ってくれていることに感謝しながら、食べ物を供えたりします。
地域によっていろんなやり方があるんだけれど、みんなのおじいちゃん・おばあちゃんのところでは、どんなことをしているのかな？
よく見ておいて、また今度先生に教えてね。

夏休みの
いつごろに
行くのかな？
おとうさんが、
「おぼん」って
いってた！
えーとね
……
そうだ！
でもせんせい、
「おぼん」って
なに？
？

「お盆」って
いうのはね
……
うんうん

7月21日ごろ～8月7日ごろ 土用《どよう》の丑《うし》

※p.114も参照。

もともとは、立春《りっしゅん》・立夏《りっか》・立秋《りっしゅう》・立冬《りっとう》の前18日間を「土用」と言いますが、今では立秋の前だけを示すようになりました。
土用は夏のいちばん暑い時季で、その中で丑の日を「土用の丑の日」と言い、暑さに負けないように、ウナギを食べる習慣があります。
江戸時代の発明家でもあった平賀源内《ひらがげんない》が、ウナギ屋さんに頼まれて、店先に「土用の丑」と書いたのが評判になり、そこから広まったと言われています。

8月のことばがけ・スピーチ

- プール開放 …………………… p.82
- 鼻の日 …………………… p.83
- 夏期保育中のお話 ………… p.84
- その他の記念日など ……… p.86

立《りっ》秋《しゅう》／広島原爆記念日・長崎原爆記念日・終戦記念日

8月 プール開放（夏季保育として行なう園もあります）

夏休み中のプール開放のほうが、ふだんと違ってのびのび遊べる子どももいます。ゆったりかかわっていきましょう。

プール開放の登園時

久しぶりに会う子どもの変化や、休み中のようすなどもチェック

＊久しぶりのあいさつで、積極的に言葉をかける。
おはようございます。○○ちゃん、久しぶりですね。しばらく見ない間に、少し大きくなったかな？
おはようございます
パチン
＊今までできていたこと、家庭でのようすなどを確認する。
1学期の終わりには、水に顔をつけられるようになったんだよね。
うん！
家のおふろでも練習しているんです。
＊子どもの意欲や変化を認めて、保護者とともに喜ぶ。
○○ちゃんすごいね。どんどんできるようになって、お母さんも楽しみですね。
がんばってるもんね！
エヘヘヘ
＊期待を込めて応援し、さらに意欲が持てるようにする。
さあ、今日もプールがんばろう！どこまでできるようになったか、楽しみだね。
うん
＊お迎えの時間を確認する。
お迎えは、○○時ですので、よろしくお願いします。
わかりました。

ここがポイント

- 久しぶりの登園で、はにかんだようすが見られるかもしれません。子どもが自信を持てる言葉を添えることで、親子の表情が明るくなります。

8月

8月7日 鼻の日

鼻は耳やのどとつながっていて、かぜや中耳炎などの病気とも関係が深い器官です。鼻の役割に関心を持つきっかけにしましょう。

8月初めごろの登園日

「鼻って大事だね」と、気づけるように

話し方の流れ・アドバイス

＊クイズ形式で話しかけて、子どもの関心を引く。

みんなの顔の真ん中にある、高い山って、なあんだ?

（子どもたちの反応を受けて、鼻を触りながら）

＊子どもといっしょに、鼻の役割について考える。

正解は「鼻」です。
鼻はどんなことをしているでしょう?

（子どもたちの反応を受けて）

＊鼻が果たしている大切な役割や、体のしくみを伝える。

鼻で息をしたり、においをかいだりするよね。
鼻が詰まると、息がしにくくなります。
それに、鼻は奥のほうで、耳やのどとつながっているので、鼻が病気になると、耳やのど、ほかの病気にもかかりやすくなります。

＊子どもたちにわかりやすいように、「鼻の日」の意味を伝える。

８月７日《なのか》は「鼻の日」で、「鼻の大切さを考えてみましょう」という日です。
なぜ「鼻の日」かというと、８と７で、「は・な」と読めるからです。
おうちの人にも、教えてあげてくださいね。

ここがポイント

- 『はなはなはなはな』などの手遊びや歌をうたったりすると、印象深くなります。
- 体に関する記念日（6月4日「虫歯予防デー」・10月10日「目の愛護デー」・3月3日「耳の日」）が、ほかにもあることを伝えてもいいですね。

8月 夏期保育中のお話

雷や夕立の多い時季です。昔ながらのお話を伝えながら、雷が鳴ったら気をつけるということも知らせましょう。

雷の秘密

おへそを取られないように、すぐ逃げよう!

話し方の流れ・アドバイス

＊大げさに雷の音をまねて、子どもたちの関心を引く。

（ジェスチャーを交えながら）

ピカッ　ゴロゴロゴロゴロ　ドッシーン！
雷が落ちた音です。
みんなはこの音好きですか？

（子どもたちの反応を受けて）

嫌いな人も多いね。怖いよね。

＊子どもたちの好奇心をくすぐる。

実は先生、雷の秘密を知っているんだけど、知りたい？

（子どもたちの反応を受けて）

＊昔の人も雷を怖がっていたこと、でも、神様として感謝もしていたことを伝える。

昔の人は、「雷様」と呼んで、天の神様だと思っていたそうです。
雷様は怖い神様だけれども、雷の多い年はお米がたくさんできるので、感謝していました。

＊雷が鳴ったら安全な場所へ避難するということを、わかりやすく伝える。

雷様は、おへそが大好きです。おへそを出して寝ている子どもがいたら、取って食べてしまうそうです。みんなはだいじょうぶかな？
外で遊んでいるときに、雷の音が聞こえてきたら、急に雨が降ってくるかもしれません。おへそを守りながら、急いで建物の中に逃げましょうね。

ここがポイント

●おへそ好きは迷信ですが、子どもがおなかを冷やさないようにという、先人の願いが込められています。

雨上がりのにじ

きれいなにじ、不思議なにじ

話し方の流れ・アドバイス

＊子どもたちが、にじに対するイメージを膨らませられるようにする。

みんなは、にじを見たことがありますか？

（絵本や図鑑の写真などを見せながら）

雨がやんで、お日さまが出て青空が広がったときに、こんな形でよく見られますね。
赤・黄・青の帯がとてもきれいで、七つの色（赤《せき》・橙《とう》・黄《おう》・緑《りょく》・青《せい》・藍《らん》・紫《し》）に見えるときもあります。

（子どもの反応を受けて）

＊昔の伝説や、にじの不思議なところを紹介して、にじへの興味付けをする。

ところで、昔の人は、にじが竜に見えたり、にじの下には宝物があると思っていたりしたそうです。
それから、「夕方ににじが出ると、明日は晴れ」などと、お天気の予想もしていたそうです。

＊子どもたちが、にじを見るのを楽しみになるように。

今度にじが出たら、色を数えてみたり、次の日晴れるかどうか、よく見ておいたりしましょうね。

ここがポイント

● 空に架かるにじは自然現象のため、なかなか見ることができませんが、園庭に散水をすれば、にじができます。どんな色に見えたか話し合ってもいいですね。

8月 その他の記念日など

子どもに話すヒントとして、保育者も知っておきましょう。

ミーン ミーン
ミーン ミーン
もうすぐ夏も終わりだよ。
えー、まだあついよ！
セミもいっぱいないてるし
もうすぐ「立秋」という日になります。昔から、立秋を過ぎると秋になると言われているんですよ。
立秋
どうして？

8月7日ごろ 立秋《りっしゅう》

※p.114も参照。

昔の人は、決まった時季に種をまいたりお米や野菜を収穫したりするために、一年のうち、いつごろから季節が変わるのかを調べて、「二十四節気《にじゅうしせっき》」という暦《こよみ》を考えました。
その暦では、この日から秋になります。
まだ暑い日は続きますが、少しずつ秋の気配が感じられるようになるんですよ。
それと、ハガキを出すときは、暑中見舞いから残暑見舞いっていうのに変わるから、一度おうちの人にも聞いてみてね。

8月6日 広島原爆記念日 ／ 8月9日 長崎原爆記念日 ／ 8月15日 終戦記念日

昔、日本は戦争をしていました。戦争の終わりのほうになると、東京や大阪などの大きな街は次々と爆弾を落とされ、焼かれてしまいました。
さらに８月６日の広島市と９日の長崎市には、原子爆弾というとても恐ろしい爆弾が使われて、ものすごい数の人たちが死んでしまいました。
８月14日、日本は戦争に負けたことを認めて降参することを決め、８月15日に長かった戦争が終わりました。
６日・９日・15日は、戦争で死んでしまったたくさんの人たちにお祈りしながら、「みなさんのことを忘れないようにして、もう戦争はしません」と、約束する日です。

※太平洋戦争末期の1945年（昭和20年）８月６日、アメリカのＢ29型爆撃機が、広島市に世界で初めて原子爆弾（ウラニウム型）を投下し、一瞬のうちに約25万人の命が奪われました。さらに９日には長崎市にもプルトニウム型原爆が落とされ、約８万人の方が亡くなりました。８月14日、日本は「ポツダム宣言」を受け入れて降伏し、翌15日に長かった戦争が終わりました。

9月のことばがけ・スピーチ

- 夏休み明け …………………… p.88
- 防災の日 …………………… p.90
- 敬老の日 …………………… p.91
- 十五夜 …………………… p.92
- その他の記念日など ……… p.94
  秋分《しゅうぶん》の日《ひ》／動物愛護週間

9月初めごろ（地域・園による）

9月 夏休み明け

保育者や友達と久しぶりの再会を楽しみながら、２学期への期待につなげましょう。

2学期最初の登園時

久しぶりに会えてうれしい気持ち

＊子どもひとりひとりを笑顔で迎える。

おはようございます。
○○くん元気そうだね。
せんせい、
おはよう
ございます。

＊子どもの成長を認めて、夏休みの思い出話を引き出すことばがけをする。

少しお兄さんになったみたい。
夏休みは、楽しいことがたくさんあったかな？
後で聞かせてね。
うん、あとでね。

＊今日のお楽しみを伝えて、新学期を楽しくスタートできるようにする。

先生、久しぶりにみんなに会えるのがうれしくて、
楽しい絵本を用意したのよ。
お友達も来ているから、
お部屋に入ろうか。
わーい！
なんのえほん？

保育室に花を飾っておく

花を見て夏から秋への気配を感じる

＊保育室に飾ってある花を見せながら。

この花の名前
知ってる？
コスモスって
言うんだよ。
きれいだね！
かわいいねー

＊季節を感じながら、目的を持った散歩に期待できるようにする。

先生はコスモスを見ると、なんだか幸せな気持ちになれます。今度、お散歩のときに探してみようね。
みつかるかな？

ここがポイント

●身近な自然に興味を持ち、季節の変化を感じながら、新たな気持ちで新学期を迎えられるようにしましょう。

ここがポイント

●笑顔で迎えながら、久しぶりに会えてうれしいことを伝えましょう。

始業式後の保育室で

楽しいことがいっぱいの2学期が始まる

話し方の流れ・アドバイス

＊２学期が始まったことを伝えて、気持ちを切り替える。

夏休みが終わり、今日から２学期が始まりました。

＊元気に再会できたことや、子どもたちの成長を喜ぶ。

みんな元気そうな顔で来てくれて良かった。ケガや病気をした人はいなかったかな？
（子どもたちの反応を受けて）
少し背も伸びて、大きくなりましたね。

＊園庭のちょっとしたことなどで、季節の変化を感じられるように。

お休みの間、園ではアサガオやヒマワリの花が咲いたり、トンボが飛んで来たりして、早くみんなが来ないかなと、待っていましたよ。

＊夏休みが終わっても、園に来れば楽しいことが待っていると、子どもが思えるようにする。

２学期は、運動会や作品展、園外保育にお楽しみ会など、ワクワクすることが盛りだくさんです。また明日から毎日、いろいろな遊びをいっぱい楽しもうね。

ここがポイント

- ２学期の楽しい行事を伝えて、楽しみにできるようにしましょう。
- 園生活のリズムを早く取り戻せるような保育内容を考えておきましょう。
- 保育園でも生活のメリハリをつけるために、「今日は久しぶりにみんなが集まったね！」などと、気分を変えることばがけを心がけるとよいでしょう。

9月

9月1日

9月 防災の日

地震や台風などの自然災害を、人間の力で抑えることはできません。避難訓練のときだけではなく、日ごろから防災意識を持って、いかにすばやく適確に対処できるかを訓練しておくことが大切です。

2学期の始業式の日

防災意識を持つきっかけとして

地震のときはどうするんだったかな？
こうやって あたまを かくすのー
え〜っと？

話し方の流れ・アドバイス

＊９月１日は「防災の日」だと伝える。

今日は２学期の始業式の日だけれど、もうひとつ、９月１日《ついたち》は「防災の日」でもあります。防災ってわかるかな？

（子どもたちの反応を受けて）

＊昔大地震が起きて、大きな被害が出たことを伝える。

昔、この日に「関東大震災」っていう大きな地震が起きて、あちらこちらで火事になりました。たくさんの人が死んでしまったり、どこに行ったのかがわからなくなってしまったりしたそうです。

＊防災の意味と、なぜ「防災の日」ができたのかを説明する。

このときのことを忘れないように、ふだんから、いつでも逃げられるような準備をしておくようにと、「防災の日」が決められました。

＊自然災害の脅威を知らせて、避難訓練と防災意識の大切さを伝える。

今でも時々、地震や台風でたいへんなことが起きているのを、テレビのニュースで見たことがあるでしょう。自然の力はとても大きくて、人の力では止められません。逃げるしかないんです。だから園でも、みんなで真剣に避難訓練をしているんですよ。

ここがポイント

●園で行なっている避難訓練の内容を、みんなで話し合ってみましょう。

※p.34・35「避難訓練」参照。

9月

第3月曜日

敬老の日

おじいちゃん・おばあちゃんたちと楽しく遊びながら、お年寄りを敬《うやま》い、大切にするということも、子どもたちに伝えていきましょう。

敬老の日の集いの前

大好きなおじいちゃん・おばあちゃんと遊ぼう！

おじいちゃん
おばあちゃんと
何して 遊ぶ？
あやとりー
けんだま
ダンス！

話し方の流れ・アドバイス

＊「敬老の日」の意味を伝える（右下 意味・由来「これ知ってる？」も参照）。

「敬老の日」は、今までずっと世の中のためにがんばってくれた、おじいちゃんやおばあちゃんに感謝して、長生きをお祝いする日として、祝日になりました。

＊おじいちゃん・おばあちゃんと、どんな遊びをすのか話し合って、当日に期待が持てるようにする。

もうすぐみんなのおじいちゃんやおばあちゃんが、「敬老の日の集い」に来てくれるね。
いっしょに何して遊びたいかな？
（子どもたちの反応を受けて）
いっしょに『お寺のおしょうさん』や『ロンドン橋』をしたり、お手玉やあやとりを見せてもらったりして、楽しく遊びましょう。

＊おじいちゃん・おばあちゃんへ、感謝の気持ちを表すことを伝える。

おじいちゃんやおばあちゃんにプレゼントを作ったよね。最後に渡して、忘れないようにお礼を言いましょうね。

ここがポイント

●それぞれの家庭事情にもよりますが、子どもたち全員の祖父母が来てくれるとは限りません。当日は、実際の祖父母以外とも楽しく遊べるような内容にしましょう。

意味・由来「これ知ってる？」

＊なぜ「敬老の日」ができたかというと……

昔、聖徳太子という人が、ひとりぼっちのお年寄りたちが集まって住めるようにお寺を建てたというお話があって、「敬老の日」のもとになったとも言われています。

9月

9月中ごろ以降

十五夜

お月さまの形やお月見の風習のことを知らせて、子どもが月や季節の変化に関心を持てるようにしましょう。

十五夜の日

中秋の名月を楽しもう!

話し方の流れ・アドバイス

最近お月さまを見ましたか?

(子どもたちの反応を受けて)

お月さまは細くなったり太ったりして、いろいろな形に変わるんだけれど、今はどんな形のお月さまになっているかな?

(子どもたちの反応を受けて)

だんだん太ってきて、きれいなまん丸になっているはずです。

＊月の形が少しずつ変わっていくことに、関心を持てるようにする。

今夜は「十五夜《じゅうごや》」で、一年でいちばんお月さまがきれいに見える日です。

昔から「中秋《ちゅうしゅう》の名月《めいげつ》」と言って、ススキやおだんごをお供えして、みんなでお月さまを眺めて楽しんでいたんですよ。

＊十五夜のお月さまがきれいなことや、お月見の風習を伝える(p.93 意味・由来「これ知ってる?」も参照)。

お月さまにはウサギが隠れているそうです。見つけられるかな?

夜になったら、おうちの人といっしょにお月さまを眺めてみましょう。

＊子どもがお月さまを見ようと思えるように。

ここがポイント

●絵本や紙芝居などでお話ししてもよいでしょう。

意味・由来「これ知ってる？」

＊子どもに話すヒントとして、保育者も知っておきましょう。

芋名月《いもめいげつ》

もともと十五夜には、秋にたくさんのお米や野菜が採れたことを喜ぶ、お祭りの意味がありました。
満月の夜にサトイモなどをだんごといっしょにお供えして、神様に感謝します。「芋名月」って呼んでいるところもあるんだって。

お月見どろぼう

昔、十五夜の晩に子どもたちが月見だんごや畑の作物を盗んでも、大人たちはしからなかったそうです。どうしてでしょう？
お供え物がなくなったのは、神様が食べたからだと考えて、みんな喜んでいました。
でも、今そんなことをしたら捕まってしまいます。どろぼうはいけませんよ！

月見だんご・ススキ

月見だんごは、お米ができたことに感謝して、満月をまねた丸いだんごを作ったというお話と、中国でお備えに使っていた月餅《げっぺい》というお菓子が日本に伝わって、月見だんごになったというお話があります。
ススキには、病気や悪いものを近づけない力があると考えられていて、家族みんなが一年間病気をしないようにとお願いします。

月の満ち欠け

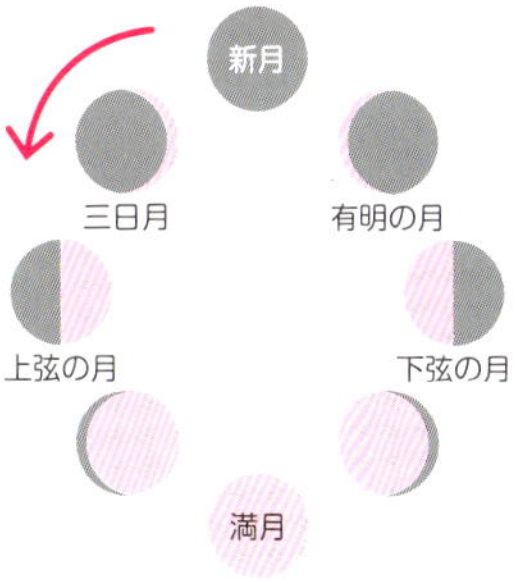
新月
三日月
有明の月
上弦の月
下弦の月
満月

昔の暦《こよみ》は、お月さまの形が変わるのに合わせて決めたので、「１月・２月・３月」とか「１か月」というふうに、後ろに「月」が付くんです。
まっ暗な新月の日から始まって、３日目が三日月、７日目は半分だけの上弦の月と、太くなっていきます。15日目の十五夜になると、まん丸な満月になり、それからだんだんと細くなって、30日ぐらいで元の新月に戻ります。
今でも１か月は30日ぐらいだから、だいたい合っているでしょ？

9月 その他の記念日など

子どもに話すヒントとして、保育者も知っておきましょう。

9月23日ごろ 秋分《しゅうぶん》の日《ひ》

※p.114も参照。

「秋分の日」は、昼と夜の長さがだいたい同じになる日で、この日を過ぎると、冬に向かって少しずつ夜が長くなっていきます。
また、死んでしまった御先祖様のことを考える日でもあります。
このころは「お彼岸《ひがん》」と言って、御先祖様を祭る行事も行なわれます。
おうちの人といっしょにお墓参りに行ったら、御先祖様に、今がんばっていることを報告しておきましょう。

もうすぐ「秋分の日」ですが……
しゅうぶんのひ？

夏は昼間のほうが長くて、冬は夜のほうが長いんだよ。
知ってた？
ふ～ん

じゃあ、今は秋だけど、昼と夜では、どっちが長いでしょうか？
えーと、………おひる？
よるかなー？

正解は、もう少ししたら、夜のほうが長くなります。
そうなんだ！
へえ～

9月20日～26日 動物愛護週間

皆さんの家では、ペットを飼っていますか？
「動物愛護週間」とは、アメリカから伝わってきたもので、愛情を持って動物を大事に大切に育てましょうという一週間です。
ただし、かわいがりすぎてもいけません。時には厳しくしつけることも大切ですね。

10月の ことばがけ・スピーチ

● 運動会 ………………………… p.96

● 体育の日 ……………………… p.99

● 目の愛護デー ………………… p.100

● 読書週間 ……………………… p.101

● 園外保育（遠足） …………… p.102

● その他の記念日など ……… p.104

赤い羽根共同募金／ハロウィン

10月 運動会

毎日練習してきた成果が出せるように、最後まで取り組めるように、応援も力いっぱいできるように、ことばがけをしていきましょう。

運動会の前日

明日はいよいよ運動会！

がんばろうね！
ワー
がんばれ～

話し方の流れ・アドバイス

＊保護者が見に来てくれることを伝えて、子どもの意欲を引き出す。

明日の運動会には、きっとおうちの人もたくさん見に来てくださいますよ。
元気にダンスをしたり駆けっこをしたりして、みんなのパワーや仲よしのところを見てもらいましょうね。

＊みんなで最後まで取り組めるようにする。

勝っていても負けていても、おうちの人はみんなを応援してくれます。
最後まであきらめないことが大切です。
みんなで力を合わせていきましょう。

＊家族みんなで当日を楽しみにできるように。

おうちに帰ってから、みんながやることを話してあげてね。
お父さんやお母さんが出られるものもあるから、「出てね」と、お話ししておいてください。

＊もうひと言添えて、明日への意識を高める。

明日が楽しみですね。いいお天気になるように、みんなで空にお願いしましょう。

ここがポイント

●当日への期待感や保護者が見に来てくださる喜びを、みんなで確かめ合いましょう。

運動会当日の朝

みんなが元気良く楽しめるように

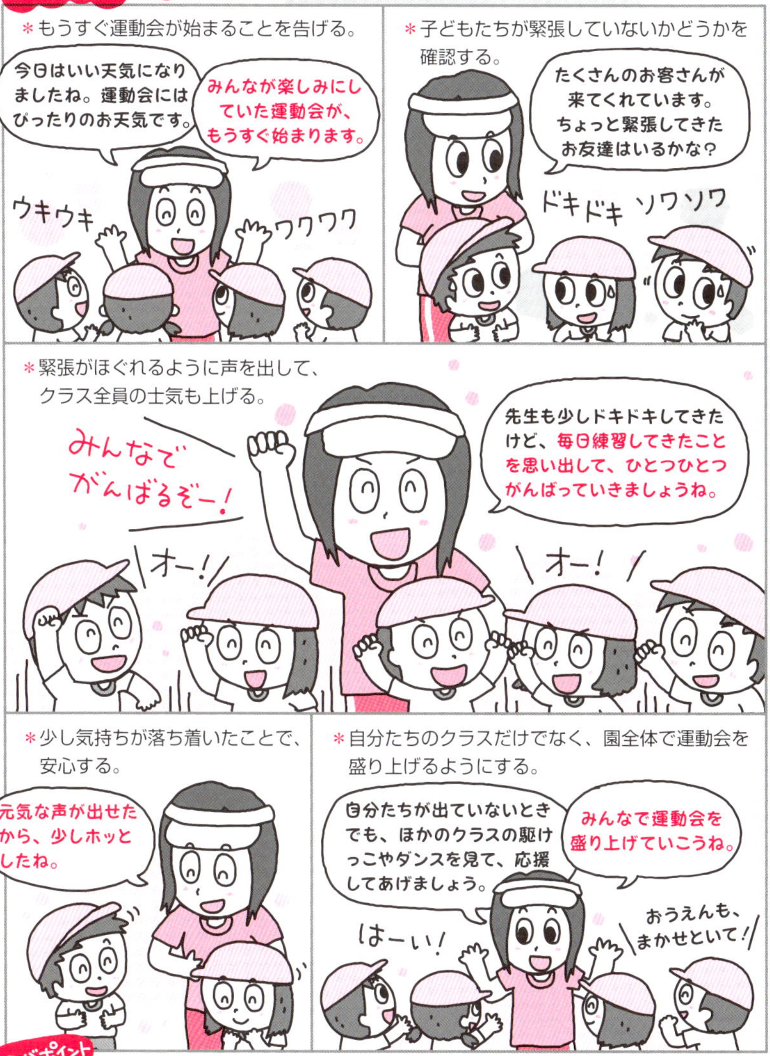
＊もうすぐ運動会が始まることを告げる。
今日はいい天気になりましたね。運動会にはぴったりのお天気です。
みんなが楽しみにしていた運動会が、もうすぐ始まります。
ウキウキ
ワクワク
＊子どもたちが緊張していないかどうかを確認する。
たくさんのお客さんが来てくれています。ちょっと緊張してきたお友達はいるかな？
ドキドキ
ソワソワ
＊緊張がほぐれるように声を出して、クラス全員の士気も上げる。
みんなでがんばるぞー！
先生も少しドキドキしてきたけど、毎日練習してきたことを思い出して、ひとつひとつがんばっていきましょうね。
オー！
オー！
＊少し気持ちが落ち着いたことで、安心する。
元気な声が出せたから、少しホッとしたね。
＊自分たちのクラスだけでなく、園全体で運動会を盛り上げるようにする。
自分たちが出ていないときでも、ほかのクラスの駆けっこやダンスを見て、応援してあげましょう。
みんなで運動会を盛り上げていこうね。
はーい！
おうえんも、まかせといて！

ここがポイント

- 子どもたちが落ち着いて参加できるように励まし、意欲を高めていきましょう。
- いっしょに元気な声を出すことで、クラスや学年の一体感が生まれます。

閉会式後に集まって

充実感や達成感が、子どもの自信につながる

話し方の流れ・アドバイス

＊子どもたちが充実感や達成感を感じられるようにする。

〇〇ぐみさん、今日は楽しかったですか？
（子どもたちの反応を受けて）
みんな、今日はよくがんばりましたね。
おうちのみなさんと先生とで、拍手のプレゼントをします。
（保護者といっしょに拍手をする）

＊運動会を振り返って、子どもたちが前向きに取り組んだ姿を認め、褒める。

みんなの胸にはキラキラ光る、金メダルが掛かっていますね。**駆けっこやダンスなど、たくさんあったけれど、どれも力いっぱいできました。**
家に帰ったら、おうちの人にたくさん褒めてもらってね。
（視線を保護者に向けて）

＊ていねいにお礼の言葉を述べる。
＊家庭でも褒めていただくように伝え、家庭でのコミュニケーションにつなげる。

本日は、たくさんのご参加、ご協力をいただき、ありがとうございました。
おかげさまで無事に終えることができました。
今日子どもたちのがんばった姿を、家族でたくさん褒めてあげてください。
みなさまのご協力に、重ねて感謝申し上げます。

ここがポイント

- 子どもたちが、「楽しかった」「がんばって良かった」と思えるようにしましょう。
- 保護者も疲れているので、話を短くまとめ、心から感謝の気持ちを表しましょう。

10月 第2月曜日 体育の日

晴天になることが多い日です。さわやかな天気の中、家族で体を動かして健康を意識できるように促していきましょう。

体育の日の前

スポーツの秋は、体を動かすと気持ちがいい!

思い切り
キックだ!
ポーン

話し方の流れ・アドバイス

＊「体育の日」の由来と意味を伝える。

今度の月曜日は「体育の日」と言って、日本で初めて開かれた「東京オリンピック」が始まった日ということを記念した祝日でお休みです。「体育の日」は、「みんなでスポーツを楽しんで、心も体も健康になりましょう」という日です。

＊運動するのにピッタリの時季であることを伝える。

今ごろの季節は、さわやかな天気が続きます。運動をするのにちょうどいいので、「スポーツの秋」とも言います。

＊体を動かして遊ぶことの楽しさや、家族で健康な生活を送ることの大切さを伝える。

みんなは体を動かして遊ぶのが好きですか?
(子どもたちの反応を受けて)
駆けっこしたり鬼ごっこをしたり……。
お天気が良ければ、おうちの人と散歩をしたり公園で遊んだりして、体を動かしてみてください。
おなかが空いて、ごはんもおいしく食べられるから、ますます健康になりますよ。

ここがポイント

●多くの子どもたちは、体を動かして遊ぶことが大好きです。保護者へのお便りなどで、子どもといっしょに、積極的に戸外で遊んでいただけるよう伝えましょう。

10月10日

10月 目の愛護デー

最近はテレビやビデオ（ＤＶＤ）・ゲームなど、無意識のうちに目を酷使していることも多いです。家庭でも気をつけてもらいましょう。

目の愛護デーのころ

目に感謝して大切にするきっかけに

＼たれめだーー／
まゆげと目に見えるでしょ？

話し方の流れ・アドバイス

（「10」と書いたカード２枚を見せながら）

「10」がふたつ並んで10月10日《とおか》。
カードを横にすると、何かに見えませんか？

（カードを横にして、フェルトペンで黒目を入れる）

こうすると、「１」がまゆ毛で「０」が目玉に見えるでしょ。

＊「10」を横にすると目に見えるということを、子どもにもわかりやすいように伝える。

10月10日は、「目の愛護デー」と言って、「目の健康に気をつけて、目を大切にしましょう」という日です。

＊「目の愛護デー」の意味を伝える。

暗いところで絵本を見たり、すぐ近くでテレビを見たり、長い時間ゲームで遊んでいたりしていませんか？　**目が疲れてくると、物がぼやけて見えてきます。**
時々遠くのほうや緑の木を見たり目を閉じたりして、目を休ませてあげましょう。

＊目が疲れやすい状況の具体例をあげて注意を促し、時々目を休ませるように促す。

ここがポイント

- 20×20㎝くらいのカードに、数字を太く書いておくと見やすいでしょう。
- 先天的な理由などで視力が弱く、眼鏡を使用している子どもがいる場合は、話の内容に配慮しましょう。目の健康や目に感謝することを中心に話しましょう。

10月

10月27日～11月9日

読書週間

絵本の読み聞かせは、子どもたちにとって最高のエンターテイメントです。絵本の楽しさを伝えましょう。

読書週間が始まるころ

豊かな感性をはぐくもう！

なんの絵本が好き？
シンデレラ
ももたろう
えーっと……

話し方の流れ・アドバイス

＊お気に入りの絵本を聞く。

みんなは好きな絵本ってありますか？

（子どもたちの反応を受けて）

＊「読書週間」であることを伝えて、絵本に興味が向くようにする。

今日からしばらくの間は、絵本をたくさん読んで楽しみましょうという、「読書週間」です。

＊絵本を読む楽しさを伝える。

先生も絵本を読むのが大好きなの。
「ウサギさんはこの後どうなるのかな？」とか、「次は、何が出てくるのかな？」とか、ワクワクするよね。

＊子どもたちが主体的に選べるように働きかける。

今日は好きな絵本を選んで、見てみましょう。

ここがポイント

- 子どもたちに、絵本の楽しさを伝えましょう。
- お気に入りの絵本を発表し合ってもいいですね。

10月 園外保育（遠足）

春に園外保育（遠足）を体験している子どもたちなら、十分に期待を膨らませて、約束事も守れるでしょう。

イモ掘り遠足の前日

収穫の喜びと食べたり遊んだりする楽しみ、両方を味わえるように

＊明日が園外保育（遠足）だと伝える。

明日は、みんなが楽しみにしている、イモ掘りです。
やったー！
イエーイ！

＊たくさんのサツマイモが待っていることを伝えて、子どもたちの収穫への期待感を高める。

今ごろサツマイモは土の中で、「早く掘りに来てほしいな、どんな子が掘ってくれるかな？とってもおいしいよ」と言って、待ってくれていると思います。
いっぱいほろうね！
うん
サツマイモさん、まっててねー！

＊葉っぱを使った遊びなど、子どもたちの意表をついた楽しみ方も、小出しで予告しておく。

サツマイモについている葉っぱも持って帰って、後でいろいろな遊びに使います。
それは明日のお楽しみ！
はっぱってどんなの？
ワクワク
どうやってあそぶの？

＊明日に備えて、早寝・早起き・朝ごはんを促す。

イモを掘るのに力がいるから、みんな今日は早く寝て、明日は朝ごはんをしっかりと食べて来てね。
はーい！

ここがポイント

- 明日への期待に結びつくように、当日体調を整えて園外保育（遠足）に臨めるように話をしましょう。
- サツマイモの葉っぱのつるを使って、引っ張りずもうや縄跳びなどをしましょう。

動物園への出発前

約束を守って楽しい遠足に

＊出発の準備をして園庭に並んだら、子どもたちの見たい動物を聞く。

もうすぐ動物園に向かって出発します。みんなはどんな動物に会いたい？
キリン
ゾウ
ライオン
ゴリラ
カバ

＊動物をよく観察するように伝える。

動物の大きさや色、どんな物を食べているか、どんなポーズをしているか、みんなで見て回りましょう。
たくさんいますね。
ゾウさんはおっきいよ
キリンは、はっぱをたべてるよー

＊忘れ物はないか、確認する。

お昼のお弁当も楽しみですね。忘れずに持って来ましたか？
もってきましたー！

＊約束事を確認して、元気良く出発する。

それでは、動物園に行くまでの約束、動物園を見て回るときの約束をしっかり守って、楽しい遠足にしましょう。
しゅっぱ～つ！
はーい！

ここがポイント

- 動物たちに会えるうれしさに共感して、子どもたちの期待を高めましょう。
- 子どもたちは気持ちが高ぶっています。出発前に約束事を徹底しておきましょう。

10月 その他の記念日など

子どもに話すヒントとして、保育者も知っておきましょう。

せんせい、むねになにつけてるの？
えっ これ？
これはね、「赤い羽根」と言って、共同募金をしたらもらえるのよ。
ふ〜ん
「ぼきん」って、いいことなんでしょ？
わたし しってる！

10月1日〜12月31日 赤い羽根共同募金

フラナガンというキリスト教の神父さんが、戦争でお父さん・お母さんが死んでしまった子どもたちや、お金がなくて生活に困っている人たちを助けてあげようと考えました。
「共同募金運動」というのは、親切な人たちからお金を集めて、困っている人たちのために使うことです。
最初は九州の長崎県・佐賀県・福岡県で始まりましたが、やがてそれが日本中に広がりました。
毎年今ごろの季節になると、街のにぎやかなところに募金箱を持った人たちが立って、「共同募金をお願いしま〜す」と呼びかけています。
募金をすると、赤く染めたニワトリの羽根をもらえます。胸に赤い羽根をつけている人を見かけたら、それは募金をした人です。

昔日本で、まだ戦争が終わったばかりのころに……
\へぇ〜/

10月31日 ハロウィン

秋の食べ物が収穫できたことをみんなで喜び、ありがとうと感謝する、キリスト教のお祭りです。
外国から伝わってきたもので、カボチャでおばけの顔を作り、ちょうちんにして飾ったり、子どもが魔法使いやおばけなどの姿に変身して、近所の家にお菓子をもらいに行ったりするそうです。

11月の
ことばがけ・スピーチ

- 作品展……………………p.106
- 文化の日………………p.108
- 秋の全国火災予防運動……p.109
- 七五三……………………p.110
- 勤労感謝の日……………p.112
- その他の記念日など………p.114

立冬《りっとう》／二十四節気《にじゅうしせっき》一覧

11月 作品展

一生懸命作った作品は、おうちの人たちに見てほしいところ、見やすさや順番を考えながら、みんなで工夫して飾りましょう。

作品展の前

4月から取り組んできたことを生かす場に

＊おうちの人が作品展を見に来ることを伝える。

もうすぐ作品展ですね。おうちの人も見に来てくれますよ。
いつくるの？

＊自分たちの作った作品を振り返り、作品展への意識を高める。

絵も描いたし、牛乳パックや空き箱などを使って、いろいろな物を作ったね。
ロボットつくったよ。
わたしはゾウさん！
ぼくもー

＊友達と協力することの大切さや、いっしょに作る楽しさを実感できるようにする。

グループで協力して作った、共同作品もありますね。
ぼく、めいろにぬけみちをつくったよー。
たいへんだったねー。
でも、おもしろかった！

＊展示のしかたや飾り方は、子どもたちの意見を取り入れながら考える。

すてきな作品ができたから、今度は飾り方をみんなで考えてみよう。
はーい！
おみせやさんみたいにならべようよ。

＊子どもたちが自信を持って作品展を迎えられるようにする。

おうちの人たちもみんなの作品を見て、きっと驚くと思うな。
早く作品展の日が来てほしいね。
ぬけみちのことはないしょだよ。
たのしみだねー。

ここがポイント

●きれいに飾って見やすく展示することで、保育室全体としてもひとつの作品になります。

作品展でのあいさつ

ひとつひとつの作品に込められた思いとは？

話し方の流れ・アドバイス

＊お礼を述べて、子どもたちが待ちわびていたことを伝える。

おはようございます。
今日はたくさんのご家族の方に来ていただきまして、ありがとうございます。
子どもたちは、この日をとても楽しみにしていました。

＊作品に対する子どもの思いやこだわりを理解した上で、作品を見ていただくようにする。

子どもたちの話を聞きながら、作品を見ていってください。
見た目にこだわるのではなく、絵の具の色あいを工夫していたり、廃材の組み合わせにこだわっていたりして、それぞれのイメージがあり、思いがたくさん詰まっています。
家庭では見られない子どもたちの一面を発見できるかもしれません。

＊子どもの地道な努力の結果を、時間をかけて鑑賞していただく。

それでは、毎日コツコツ作り上げてきた作品を、じっくり見て回ってください。

ここがポイント

- 当日の作品の見方や見てほしい点を最初に話しておきましょう。
- 大人の目線では気づかない、作品に込められている子どもの思いを聞きながら見ていただくようにしましょう。ひとつひとつの作品にメモを付けるなどの工夫も。
- 保護者に集まっていただかない場合でも、全員に個別で声をかけるようにしましょう。

11月

11月3日

11月 文化の日

芸術や科学といった文化の発展が、今のわたしたちの生活に役だっているということを、子どもたちに伝えましょう。

文化の日の前

祝日の意味を知り、文化について関心を持つ

＊子どもたちから、歌や製作の楽しさを聞く。

みんなは、歌をうたったり絵を描いたり、物を作ったりするのは好きかな？
わたしは、ダンスもだいすき！
すきー

＊身近な例で、「文化」の意味を伝える。

そうやって人を楽しませてくれたり、生活がしやすいようにしてくれたりするものを作ることを、「文化」と言います。
作品展も、文化と関係があるんだよ。
文化
ぶんか？
そういえば、えをかいてかざったね。

＊「文化の日」がどんな日なのかを伝える。

勲章
3日は「文化の日」で、お休みです。
絵や音楽など、すてきなものを作った人や、
みんなが生活する上で、とても大事な物を考えた人が、ごほうびを渡されます。
テレビで見たことあるかな？
ごほうびって？
ほめられるのかな？
そうよ

＊文化の発展に貢献してくれた人に感謝して、文化を大切にできるようにする。

今、みんなが幸せに生活していけるのは、すてきな音楽・お話や映画を作ったり、冷蔵庫・テレビや電話などの便利な道具を考えてくれたりした、いろいろな人のおかげなんです。
みんなで感謝して、文化を大切にしましょうね。
はーい！

意味・由来「これ知ってる？」

＊なぜ「文化の日」ができたかというと……

昔は「明治節」という、明治天皇の誕生日をお祝いする祭日でしたが、1948年から「文化の日」として、祝日になりました。

ここがポイント

● 子どもたちが関心を持てるように、折り紙などで勲章を作ってみてもよいでしょう。

11月9日〜15日

11月 秋の全国火災予防運動

大好きな消防車が来てくれると、子どもたちは目を輝かせて、消防士さんの話にも真剣に耳を傾けてくれるでしょう。

避難訓練の前

避難のしかたや火事の予防方法に関心を持つ

＊火事になったときどうするか、確認をする。

これから寒くなってくると、空気が乾いて物が燃えやすくなるので、火事に気をつけないといけません。
もし火事になったら、みんなはどうしますか？
にげるー
しょうぼうしゃをよぶ。

＊子どもたちに消防士さんの印象を聞いてみる。

そうだね。ところでみんなは、消防士さんのことをどう思う？
すきー!!
かっこいい!

＊消防士さんの役割や仕事を知らせて、大切な存在であることを伝える。

消防士さんは、火事のときにホースで水を掛けたり、逃げ遅れた人を助けてくれたりします。とても危険なお仕事だけれど、消防士さんは勇気があって、先生もすごくかっこいいなと思います。
せんせいもすきなの？

＊消防士さんと消防車が来ることを伝えて、真剣な姿勢で避難訓練に臨むよう促す。

今日の避難訓練は、消防士さんが見に来てくれます。
もちろん、消防車も来ますよ。
みんなもすばやく避難して、かっこいいところを見せようね。
あーっほんとだ!
やったー! しょうぼうしゃだー!

ここがポイント

●消防士さんに避難訓練のようすを見ていただいて、アドバイスをしっかりと聞き、避難のしかたや火事で気をつけること、消防車の役割など、いっぱい教えてもらいましょう。

※p.34・35「避難訓練」参照。

11月15日

11月 七五三

子どもの健康と成長を願う伝統行事です。子どもたちひとりひとりが家族の愛情を感じられるように、わかりやすく話をしましょう。

七五三の日の前

みんなが元気に大きくなったことがうれしい

話し方の流れ・アドバイス

＊子どもたちに「七五三」のことを問いかけて、どういう日なのかを伝える（p.111意味・由来「これ知ってる？」も参照）。

もうすぐ「七五三」ですね。
「七五三」って、どんなことをする日か知っていますか？
（子どもたちの反応を受けて）
「生まれたときは小さな赤ちゃんだったのが、3歳・5歳・7歳と、こんなに大きくなりました」と、みんなでお祝いをする日です。

＊神社やお寺にお参りする理由や、千歳あめの意味を伝える（p.111意味・由来「これ知ってる？」も参照）。

みんなが住んでいる地域を守ってくれている神様にお知らせするために、神社やお寺にお参りしたり、記念に家族で写真を撮ったりします。お参りに行くともらえる千歳あめには、みんなが病気やケガをすることなく、長生きしますようにと、願いが込められています。

＊離れて住んでいても、おじいちゃん・おばあちゃんは大切に思ってくれていると思えるようにする。

おじいちゃんやおばあちゃんが遠くに住んでいる人でも、みんなが元気に育ってくれたことを、きっとうれしく思ってくれていますよ。

ここがポイント

- 地域や各家庭によって、何歳の男女が対象になるのかに違いがあります。それぞれの考え方を尊重しましょう。

意味・由来「これ知ってる?」

＊子どもに話すヒントとして、保育者も知っておきましょう。

3歳・髪《かみ》置《お》きのお祝い

昔は小さな子どもが病気になったりケガをしたりしても、治してくれるお医者さんはいなかったし、良く効くお薬もありませんでした。
病気は髪の毛から入ってくると信じられていたので、まだ体が弱い3歳までの子どもは、男の子も女の子も髪の毛を短くしていました。
3歳まで元気に成長したら「髪置き」というお祝いをして、髪の毛を伸ばし始めたそうです。

5歳・袴《はかま》着《ぎ》のお祝い

昔、5歳になった男の子には、生まれて初めて「袴」という、足にはく着物をはかせて、「袴着」というお祝いをしていました。
昔の男の子は、3歳で髪置きのお祝い、5歳で袴着のお祝いをしていたので、今の七五三でも、男の子は3歳と5歳のときにお祝いすることが多いみたいです。

7歳・帯《おび》解《と》きのお祝い

昔、女の子が小さい間は、着た着物をひもで結んで留めていましたが、7歳になると「帯解き」というお祝いをして、おなかのところに帯を巻いて絞めるように変えていました。
3歳で髪置きのお祝い、7歳で帯解きのお祝いをしていたので、女の子は3歳と7歳のときに七五三のお祝いをするようになりました。

千歳あめ

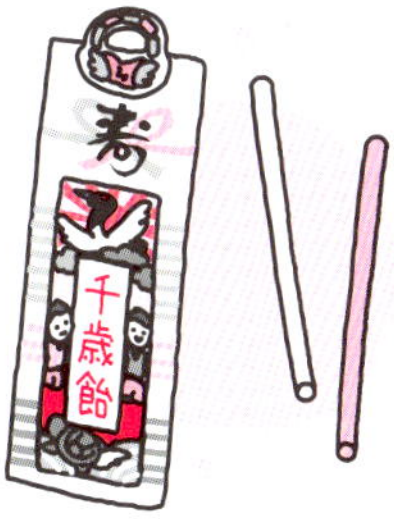

みんなはまだ読めない難しい字ですが、「千歳あめ」の「千歳」は、漢字で「千」の「歳《とし》」と書いて、1000年という意味です。100年が10回ですよ！
ちょっと大げさですが、今と違って、昔は子どもが小さいうちに、病気などで死んでしまうことがよくあったので、子どもにそれぐらい長生きしてほしかったのでしょうね。
千歳あめが細長いのも、子どもの背が伸びて、長生きできますようにという意味があります。

11月 11月23日 勤労感謝の日

両親やいろいろな人たちが仕事をしているおかげで、みんなが楽しく生活できるということを、子どもたちに伝えていきましょう。

勤労感謝の日の前

働くことの意味を考えて、働いている人に感謝の気持ちを持つきっかけに

話し方の流れ・アドバイス

＊子どもたちに11月23日がなんの日か聞いてみる。

11月23日は祝日でお休みです。なんの日か知っていますか？

（子どもたちの反応を受けて）

＊「勤労感謝の日」の意味を伝えて、みんなで声に出して言ってみる。

働いている人たちに感謝するという意味の、「勤労感謝の日」です。難しい名前なので、いっしょに言ってみましょう。

（みんなで復唱する）

＊毎日食べているお米のごはんを例に挙げて、そのためにたくさんの人が働いているということを伝える（p.113 意味・由来「これ知ってる?」も参照）。

みんな、今日も朝ごはんを食べてきましたね。ごはんやおにぎりのお米は、農家の人が一生懸命作ってくれました。
できたお米をトラックで運ぶ人、お米を売るお店の人、働いたお金でお米を買って、ごはんを作ってくれるおうちの人……たくさんの人たちがいて、やっとみんなの口に入ります。

＊家族も含めて、働いている人たちに感謝の気持ちを持てるようにする。

一生懸命働くことは、みんなの幸せのためにもなります。お父さん・お母さん、そして働いている人たちみんなに感謝をしましょうね。

ここがポイント

● 世の中にはどんな仕事があるのかを話し合って、それがどんなふうにみんなの役にたっているのか、考えてみましょう。

意味・由来「これ知ってる?」

＊子どもに話すヒントとして、保育者も知っておきましょう。

新嘗祭《にいなめさい》

おいしいおこめをありがとう
いただきま〜す!

「勤労感謝の日」は、もともと「新嘗祭」と言って、その年にできたお米などを神様にお供えして感謝する、お祭りの日でした。
すごい昔から続いてきたお祭りで、今でも日本中の神社で行なわれているところがあります。
昔は、雨が降らなくてイネが枯れてしまったり、洪水になって田んぼが水浸しになったりしてお米が採れなくなり、食べ物が足りなくて人が死んでしまうということがありました。
昔の人は、お米がちゃんとできて、ごはんが食べられるのは、神様のおかげだと考えたのでしょう。
昔から農家の人たちが、まじめにがんばって作り続けてくれたおかげで、毎年たくさんのおいしいお米が食べられるようになりました。
そんな今でも、感謝する気持ちは持ち続けていたいですね。

※「勤労感謝の日」は、「勤労を尊び、生産を祝い、国民互いに感謝し合う」として、1948年(昭和23年)に制定された、国民の祝日です。

※もともと11月23日は「新嘗祭」と言って、天皇が国民を代表してその年にできた新しい穀物(新嘗)を神様に供え、それを食べて収穫に感謝する儀式を行なう祭日です。飛鳥時代から行なわれており、国民の大切な主食である穀物の収穫を祝うという意味で、もっとも重要な皇室祭祀《さいし》のひとつです。

※昔の庶民の間でも、収穫された穀物を神様に供えた後、みんなで食べて祝う習慣がありました。

11月 その他の記念日など

子どもに話すヒントとして、保育者も知っておきましょう。

園庭や公園に生えている木の葉っぱが、少なくなってきたね。
もうすぐふゆだからでしょ？
このまえ、ミノムシがいたよ。
そのとおり！今日は「立冬」って言って、冬の始まりなんだよ。
せんせいそういうはなし、すきだよね。
立冬
いいからきこうよ。

11月8日ごろ 立冬《りっとう》

最近夕方になると、あっという間に暗くなりますね。これから冬に向かってどんどん暗くなるのが早くなっていきますよ。
夏は今ごろの時間でも明るかったけれど、太陽の出ている時間が、だんだん短くなっていきます。
「立冬」とは、この日から冬が始まり、風も冷たく感じられるようになってくるという意味があります。
かぜをひかないように、うがい・手洗いを忘れないようにしましょう。

二十四節気《にじゅうしせっき》一覧

二十四節気はもともと中国で作られたもので、一年を二十四に分けた節気の総称です。日本でも、昔から種まきや収穫の目安として使われてきました。

名前	時季	意味	名前	時季	意味
立春《りっしゅん》	2月4日ごろ	春らしい兆しが見えるころ	立秋《りっしゅう》	8月8日ごろ	秋らしい兆しが見えるころ
雨水《うすい》	2月19日ごろ	雪が雨に変わるころ	処暑《しょしょ》	8月23日ごろ	暑さが治まり、台風が来るころ
啓蟄《けいちつ》	3月6日ごろ	虫が土の中から出てくるころ	白露《はくろ》	9月8日ごろ	朝夕、涼しくなるころ
春分《しゅんぶん》	3月21日ごろ	昼と夜の長さが同じになる日	秋分《しゅうぶん》	9月23日ごろ	昼と夜の長さが同じになる日
清明《せいめい》	4月5日ごろ	草木の芽が伸び、育つころ	寒露《かんろ》	10月9日ごろ	草木に露が降り、秋本番のころ
穀雨《こくう》	4月20日ごろ	春の雨が穀物を育てるころ	霜降《そうこう》	10月24日ごろ	霜が降り、秋が終わるころ
立夏《りっか》	5月6日ごろ	夏らしい兆しが見えるころ	立冬《りっとう》	11月8日ごろ	冬らしい兆しが見えるころ
小満《しょうまん》	5月21日ごろ	草木がぐんぐん生長するころ	小雪《しょうせつ》	11月23日ごろ	初雪が降るころ
芒種《ぼうしゅ》	6月6日ごろ	ウメの実が熟し、田植えのころ	大雪《たいせつ》	12月7日ごろ	山々が雪景色になるころ
夏至《げし》	6月21日ごろ	昼がいちばん長く、夜が短い日	冬至《とうじ》	12月22日ごろ	昼がいちばん短く、夜が長い日
小暑《しょうしょ》	7月7日ごろ	梅雨《つゆ》が明け、暑くなるころ	小寒《しょうかん》	1月6日ごろ	本格的な寒さを迎えるころ
大暑《たいしょ》	7月23日ごろ	一年でいちばん暑いころ	大寒《だいかん》	1月20日ごろ	一年でいちばん寒いころ

12月の ことばがけ・スピーチ

- 個人懇談会……………………p.116
- もちつき ……………………p.117
- クリスマス…………………p.118
- 大掃除 ………………………p.120
- 冬休み（年末・年始のお休み）p.121
- その他の記念日など ………p.122
冬至《とうじ》／大晦日《おおみそか》

12月 個人懇談会

園での子どものようすを伝えたり、保護者に家庭でのようすを聞いたりして、有意義な懇談会にしましょう。

個人懇談でのやりとり

保護者と一対一で話せる貴重な機会

＊懇談が終わった保護者を保育室の入り口まで送る。
ありがとうございました。
ペコリ
＊外で待っている保護者を迎え入れる。
お待たせしました。どうぞお入りください。
はい
＊保護者が着席してから保育者も座る。
どうぞお座りください。
失礼します
ガタゴト
＊ていねいにお礼を述べる。
ペコリ
今日はお忙しい中お時間をつくっていただき、ありがとうございます。
どういたしまして
寒いところでお待ちいただいて、申し訳ありませんでした。
＊懇談の目的と大まかな内容を伝えておく。
今日は○○君の２学期のようすをお話させていただいたり、おうちでのようすをお聞きしたりしようと思います。
よろしくお願いします。
＊初めは子どもの良いところから伝えて、保護者に安心していただく。
○○君は２学期になって、友達といっしょに元気な声を出して遊んでいますよ。
そうなんですか。
＊必要なことを報告した後は聞き役になって、保護者の不安や心配事などに対応する。
ご家庭でのようすはいかがですか？
家では……

ここがポイント

- 時間が決まっているので、前もって子どもひとりひとりの姿をまとめた資料を作っておき、それを基に話を進めていきましょう。

もちつき

昔ながらの習慣を体験して、日本の伝統文化や食への関心を高めましょう。

もちつきの前

楽しくておいしい、意味のある伝統文化

話し方の流れ・アドバイス

＊リズミカルで楽しそうに表現して、子どもたちがもちつきをイメージできるようにする。

ペッタンコ、ペッタンコ……さて、これはなんの音でしょう？
（子どもたちの反応を受けて）
きねとうすを使って、おもちをついている音ですね。

＊もちの持つ意味と年末にもちつきをする理由を伝えて、子どもたちが意欲的に参加できるようにする。

おもちは昔、神様へのお供え物で、おめでたいときにしか食べられないごちそうでした。お正月を迎えて、家族みんなが幸せになりますようにとお願いするために、おもちをついていたんですよ。

＊もち米からもちを作ることを知らせて、もちつきの手順を伝える。
＊クラス全員が協力してもちを作ることを伝える。

おもちになるもち米は、いつも食べているごはんより、少し粘りやかみごたえがあります。

もち米を洗って蒸したらうすに入れて、きねでペッタンコ、ペッタンコとついていったら、おもちのできあがりです。
ひとりひとり順番についてもらうので、しっかりきねを握って、いい音出して、みんなでおいしいおもちを作ろうね。

ここがポイント

●もちつきの歌やわらべうたで遊ぶと、もちつきへの期待感が高まります。

12月 12月25日 クリスマス

子どもたちがもっとも楽しみにしている行事のひとつです。園の方針にもよりますが、夢のあるお話や演出を心がけましょう。

クリスマス会の前

クリスマスに夢を持ち、サンタクロースが来るのを楽しみにして待つ

話し方の流れ・アドバイス

＊楽しそうな街の雰囲気などを伝えて、クリスマスに期待を膨らます。

クリスマスが近づくと、いろいろなところでクリスマスツリーを見かけたり、楽しそうな音楽を聞いたりしますね。

＊クリスマスはどんな日かを伝える（p.119 意味・由来「これ知ってる？」も参照）。

クリスマスは、イエス・キリストっていう人が生まれたことをお祝いする日なんですよ。
いつもがんばっている人には、クリスマスイブにサンタさんからごほうびのプレゼントがもらえるし、楽しいことがいっぱいですね。

＊サンタクロースにまつわる話をして、存在感をイメージできるようにする（p.119 バリエーション「サンタさんっているの?」も参照）。

サンタさんは遠い北の国に住んでいて、クリスマスになると、世界中の子どもたちのところへ出かけていくそうですよ。
トナカイが引っ張ってくれるそりで空を飛んで、プレゼントを配ります。

＊子どもたちがサンタクロースに来てほしいと思えるように。

今年もみんなのところに来てくれるかな？

ここがポイント

● クリスマスを待ちわびている子どもたちが、楽しい気持ちになれることを第一に考えましょう。

意味・由来「これ知ってる?」

＊子どもに話すヒントとして、保育者も知っておきましょう。

イエス・キリスト

クリスマスは、キリスト教のお祭りの日です。イエス・キリストは神様の子どもとして生まれ、大人になってから病気の人や困っている人たちに手を差し伸べて助けたので、みんなから尊敬されています。

もともとのクリスマスは、イエス・キリストを祭っている教会で、讃美歌《さんびか》という歌をうたったり、お祈りをしたりして感謝します。

クリスマスツリー

クリスマスツリーには、「モミの木」という、冬になっても葉っぱが枯れない木を使います。いつも緑色の葉っぱが生えている木なので、わたしたちも、いつまでも元気でいられるようにとお願いしながら飾ります。

天使が飾りに来るっていうお話もあるらしいから、みんなも天使になったつもりで飾ってみようか。

バリエーション「サンタさんっているの?」

＊子どもの夢を広げられるように。

ねえせんせい、
サンタさんって、
ほんとうにいるの?
うちはおとうさんが
プレゼントをかって
くれるんだけど……
いるよねー?
どっち?
ドキドキ
えーっと、
それはね…

先生は、サンタさんのほんとうの名前を知っています(子どもたちの反応を受けて)。

昔、セント・ニコラウスさんという人が、お金がなくて生活に困っている人たちに、自分の持っている物を分けてあげました。

そのことをみんなでお話しているうちに、「セント・ニコラウスが……サンタ・ニコラースが……」となっていって、「サンタクロース」と呼ばれるようになったんでしょうね。

先生は、ニコラウスさんのお弟子さんたちが、ニコラウスさんの気持ちを受け継いで、きっと今でもサンタさんを続けていると思います。サンタさんでもお父さんでも、がんばっている人にプレゼントをしたい気持ちは同じです。

12月終わりごろ

12月 大掃除

新しい年を気持ち良く迎えられるように、毎日過ごしている保育室に感謝して、みんなできれいにしましょう。

大掃除の前日

心を込めて、意欲的に掃除する

話し方の流れ・アドバイス

＊冬休み前にやるべきこととして、子どもたちの興味を引く。

もうすぐ冬休みですが、お休み前に先生は「ありがとう」と言いたいことがあります。

＊保育室やふだん使っている物に感謝して、きれいにしてあげようと持ちかける。

それは、この○○組のお部屋です。
晴れの日も雨の日も風の日も、みんなが楽しく過ごせたのはこのお部屋のおかげです。
そこで先生は感謝の気持ちを込めて、お部屋を大掃除して、きれいにしてあげたいのだけれど、みんなも手伝ってくれるかな？

（子どもたちの反応を受けて）

＊掃除するところを伝えて、子どもたちの意欲を高める。

窓・ロッカー・机・おもちゃ……、いっぱいお掃除するところがあるね。
それじゃあ、明日大掃除ができるように、用意しておきます。

＊感謝の気持ちを持てるようにする（右下意味・由来「これ知ってる？」も参照）。

みんなも感謝の気持ちを込めて、大掃除をしましょうね。

ここがポイント

●やらされるのとやる気になって行なうのでは、子どもたちの気持ちや動きが違います。

意味・由来「これ知ってる？」

＊なぜ年末に大掃除をするのかというと……

昔は「すすはらい」と言って、新しい年の神様を迎えるために、一年間でたまったほこりなど、家中のすすを払ってきれいにするための行事でした。幸せな年になるように、お米がたくさんできるように、お願いする意味もありました。

12月

12月25日ごろ～（地域・園による）

冬休み（年末・年始のお休み）

クラスみんなで２学期の楽しかったことを振り返ったり、年末年始の過ごし方を話し合ったりしてみましょう。

終業式後の保育室で

いろんな体験を通して成長してきた

うんどうかい がんばったよー
えんそく またいきたい
さくひんてん おもしろかった
楽しかったこと いっぱいだね

話し方の流れ・アドバイス

＊２学期が終わって、冬休みになることを伝える。

明日から冬休みですね。あっという間に２学期が過ぎていった気がします。みんなはどうですか？

（子どもたちの反応を受けて）

＊楽しかったこと、成長したことや変化したことなどを、子どもたちといっしょに振り返る。

２学期は、運動会・作品展・園外保育（遠足）など、いろんなことがありました。仲よしの友達と、いっぱい遊んで楽しかったですね。

＊冬休み中に体験してほしいことを伝える。

明日からしばらく園はお休みです。おうちでも大掃除やお正月の準備のお手伝いもしてね。それから、お父さん・お母さん、おじいちゃん・おばあちゃんたちと、カルタ・こま回しやたこ揚げなど、お正月遊びも楽しんでくださいね。

＊約束事を守るように確認する。

夏休みと同じように、約束はしっかりと守りましょう。１月○日、元気な顔で来てくださいね。では、良いお年を！

ここがポイント

● ２学期の体験が、自分たちの成長につながっているということを実感できるようにしましょう。

● 保育園では、年に一度だけ、六日間くらいのお休みということもありますね。保護者の方にいっぱい甘えられるようにお願いしておきましょう。

12月 その他の記念日など

子どもに話すヒントとして、保育者も知っておきましょう。

12月22日ごろ 冬至《とうじ》

※p.114も参照。

一年間でいちばん昼が短く、夜が長い日です。冬至が過ぎると、昼の時間が少しずつ長くなっていきます。
この日は、カボチャ(なんきん)を食べたりユズ湯に入ったりすると体が温まり、かぜをひかないそうです。

12月31日 大晦日《おおみそか》

毎月最後の日を「晦日《みそか》」と言いますが、一年で最後の日、12月31日のことは、大きいという字が付いて「大晦日」と呼びます。
この日は、新しい年を迎えるための準備をしたり、一年間元気に過ごせたことに感謝して、年越しそばを食べたりします。
長いそばのように長生きできますようにという意味や、そばは切れやすいので、一年間のうちにあったいやなことを切り捨てて、新鮮な気持ちで新しい年を迎えられるようにという意味があります。

1月のことばがけ・スピーチ

- お正月 …………………… p.124
- 冬休み明け ……………… p.128
- 春の七草 ………………… p.129
- 鏡開き …………………… p.130
- 成人の日 ………………… p.131
- その他の記念日など …… p.132

どんど焼き（とんどなど地域による）／大寒《だいかん》

1月1日～3日（地域による）

1月 お正月

年末年始は、一年の中で特別な雰囲気が感じられます。子どもたちに、お正月独特のあいさつや風習があることを伝えましょう。

12月の終わりごろ

新年を迎えたらお祝いし、干支《えと》にも興味を持つ

1月1日の朝
わたしのところに……

話し方の流れ・アドバイス

＊新年には特別なあいさつがあることを伝える。

１月から新しい年が始まりますが、**お正月のあいさつは、なんて言うか知っていますか？**
（子どもたちの反応を受けて）
「あけましておめでとうございます」ですね。お父さん・お母さんやおじいちゃん・おばあちゃんに、言ってみてください。

＊毎年干支は順番に変わっていき、十二支があることを伝える（p.125十二支それぞれのいわれも参照）。

今年は○○年《どし》でした。
来年は何年《なにどし》か、知っている人はいるかな？
（子どもたちの反応を受けて）
○○年《どし》の次は□□年《どし》、その次は△△年《どし》と、順番に変わっていき、12種類の生き物が出てくるので、「十二支《じゅうにし》」って言うんですよ。

＊十二支の始まりにまつわるお話をして、子どもたちが興味を持てるようにする（お正月の話を広げるなら、p.126・127意味・由来「これ知ってる?」も参照）。

どうして決まったのかというと、昔神様が生き物たちに、「１月１日《ついたち》の朝、わたしのところへ来なさい。１番から12番までの者に、一年ずつその年を守ってもらいたい」と言いました。そしてお正月の朝、神様のところに来た生き物が順番に、今の十二支になったそうです。

ここがポイント

- 実際に声に出して、あいさつの練習をしてみましょう。
- 子どもたちの生まれた年の干支も知らせると、興味を持つきっかけになります。

十二支それぞれのいわれ ＊子どもに話すヒントとして、保育者も知っておきましょう。

子《ね》（ネズミ） ねずみ年《どし》

大黒様という神様のお使いで、昔からいいことを届けてくれると言われています。子どもや孫が増え続けるという意味もあります。

丑《うし》（ウシ） うし年《どし》

物を運ぶのに力を借りたり、肉やミルクは食料になったりして、人の役にたちます。何かが終わって次が始まるきっかけの意味もあります。

寅《とら》（トラ） とら年《どし》

昔は、夜空に輝く大切なお星さまだったと考えられていました。新しいことの始まりを意味する、ありがたい動物だと思われています。

卯《う》（ウサギ） うさぎ年《どし》

ウサギのおとなしいところは優しくて仲の良い家族のお手本です。ウサギが跳ねるように仕事や勉強もうまくいくことをお願いします。

辰《たつ》（リュウ） たつ年《どし》

リュウは人が考えた生き物で、空を飛んで雷や嵐を呼びます。とても偉くて強くて怖いので、昔の王様のことを表現しているそうです。

巳《み》（ヘビ） へび年《どし》

助けてくれた人には恩返しをすると言われています。大切なお米作りの神様で、お米と同じぐらい大切な、お金の神様にもなりました。

午《うま》（ウマ） うま年《どし》

ウマは人や荷物を運んで役にたつので、昔から大切に扱ってきました。役割が自動車に変わった今でも、わたしたちの身近な存在です。

未《ひつじ》（ヒツジ） ひつじ年《どし》

ヒツジは仲間と生活するので、家族と似ています。家族みんなが安心して、平和に暮らせますようにという願いが込められています。

申《さる》（サル） さる年《どし》

賢いサルは山の神様のお使いです。水とも関係があり、雨が降らなかったり火事になったりするのを防いでくれると言われています。

酉《とり》（ニワトリ） とり年《どし》

「とり」は「取り込む」と言って、お店屋さんの人にはとてもありがたい意味です。ニワトリはいいことを運ぶ神様だと信じていました。

戌《いぬ》（イヌ） いぬ年《どし》

イヌは人を守り、恩を忘れません。赤ちゃんが無事に生まれるように守ってくれ、金・銀や宝物を持って来てくれるとも言われています。

亥《い》（イノシシ） しし年《どし》

イノシシは、お米や畑の野菜の神様と言われています。イノシシの肉は、どんな病気でも治してくれると信じられていました。

意味・由来「これ知ってる?」

＊子どもに話すヒントとして、保育者も知っておきましょう。

門松《かどまつ》

新年の神様、歳神様《としがみさま》が家に来るときの目印にします。玄関前の右側と左側に、雄のマツと雌のマツをふたつひと組で並べます。マツの木には、神様が住みつくと言われています。

しめ飾り

歳神様を迎えるための大切な場所に悪いものが入らないように、門や玄関などの入り口に飾ります。飾ったところが、外の世界と神様の世界を分ける目印になります。

鏡もち

お供えしておくと、神様の力が乗り移ると考えられています。神様にお祈りするときに使う鏡が円かったので、その形をまねしました。下の大きい方が太陽で「光」、上の小さい方がお月さまで「陰」を表しています。

お雑煮《ぞうに》

大晦日《おおみそか》の夜、その土地の海や畑などで採れた食べ物を神様にお供えしておき、お正月におもちといっしょに食べることで神様から力をもらえる、おめでたい汁物の料理です。使う材料や味は、地域によって違います。

おせち料理

昔は季節の変わり目に、神様に料理をお供えしました。それがもともとの「おせち料理」です。今では、お正月のときだけ家族みんなで食べる、おめでたいごちそうです。重箱という四角い箱に入れて重ねます。どんな食べ物をどこに入れるかは、地域や家庭によって違いますが、それぞれの食べ物には、長生きしたりいいことがあったりするようにと、願いが込められています。

初日の出

歳神様は日の出とともにやって来ると言われていたので、1月1日の朝、一年で最初の日の出を拝んで、願い事やその年の決意をするようになりました。山のてっぺんで見る日の出のことを、「御来光《ごらいこう》」と言います。

初詣《はつもうで》

新年に神社やお寺にお参りをすると、その年にいいことが増えると言われています。昔は住んでいる地域を守ってくれている神様の神社に行っていましたが、今は有名な神社に出かけてお参りする人が多くなりました。

初夢

年が明けて初めて見る夢で、その年がどんな年になるのかが表れるそうです。いちばんおめでたいのは富士山（高い山）、次がタカ（高いところを飛ぶ鳥）、その次がナス（昔は値段が高かった）の夢だと言われています。

年賀状

昔は近くに親せきなどが集まっていたので、お正月の間に直接会いに行って新年のあいさつをしていました。今では遠くの人や全部の人に会うのはたいへんなので、ハガキにあいさつの言葉を書いて年末に出しておき、お正月に届けてもらいます。

お年玉

昔のお正月では、歳神様にお供えしていた食べ物などを下げた後、みんなで分け合っていました。それがだんだんと、お正月のお祝いとして贈り物をするようになっていったようです。もともとは相手が年上か年下かどうかに関係なく贈り物をしていましたが、いつの間にか、子どもや自分よりも若い人に、物ではなくお金を贈るようになりました。

1月初めごろ（地域・園による）

1月 冬休み明け

まだしばらくの間はお正月の雰囲気が続きますが、少しずつ園の生活に慣れるようにしていきましょう。

始業式後の保育室で

「おめでとう」で始まる新学期

さん、はい！
あけましておめでとうございます！

話し方の流れ・アドバイス

＊元気な声であいさつをして、園の生活習慣を思い出せるようにする。

あけましておめでとうございます。
みんなで言ってみましょう。さん、はい！
（クラス全員で言う）
元気に言えましたね。

＊子どもたちひとりひとりから、冬休み中の楽しかったことを聞いていく。
＊自分あてに年賀状が届いたことをどう感じたか、聞いてみる。

みんなの笑顔を見て、先生はとってもうれしいです。休み中も、早くみんなに会いたいなと思っていましたよ。
みんなは楽しい冬休みを過ごせた？
あっ、それと、園から年賀状は届いたかな？
（子どもたちの反応を受けて）

＊３学期が始まったことを伝えて、気持ちが切り替えられるように。

今日から３学期が始まります。まだまだ寒くてかぜもはやっていますが、外で鬼ごっこやマラソンなどをして、元気に遊びましょう。

＊１月当初は、お正月遊びも取り入れて楽しむ。

みんながおうちで楽しんだ、お正月の遊びも教えてください。
明日からみんなでやってみましょうね。

ここがポイント

●干支《えと》の話題（p.125参照）やお正月遊びなどを保育に取り入れながら、園の生活習慣へと気持ちを切り替えていきましょう。
●保育園では、冬休みが短いところもあるでしょう。その園の子どもたちに合ったことばがけの参考にしてください。

1月

1月7日

春の七草

昔ながらの習慣とともに、健康を気づかう大切さも伝えていきましょう。

1月7日の保育

昔から食べられてきた春の七草

＊「七草がゆ」を食べたことを伝える。

今日は1月7日で、「七草がゆ」の日です。先生は今日の朝、いろいろな草の入ったおかゆを食べてきましたよ。
えー！ せんせいくさをたべたの？
くさって、たべられるの？

＊昔から、1月7日に「七草がゆ」を食べる習慣があったことを伝える。

ちゃんと食べられる草です。昔の人も、1月7日に七つの草が入ったおかゆを食べていました。
たべるひがきまっているの？
どうして？

＊どうしておかゆを食べるのかを伝える（右下意味・由来「これ知ってる？」も参照）。

お正月の間、おいしいごちそうをたくさん食べて、おなかが疲れてしまっているので、
さっぱりとしていて、おなかの調子を良くしてくれるおかゆを食べます。
せんせいたべすぎたの？
もう平気だよ！
よかった

＊一年間の健康を祈る意味があることも伝える（右下意味・由来「これ知ってる？」も参照）。

おかゆを食べて、「今年も病気にならないで、元気に過ごせますように」とお祈りします。
たべてみたい。
わたしも！

ここがポイント

●最近は七草をセットで売っています。現物や図鑑などで七草を観察してみましょう。保育園では給食で出るところも多いでしょう。調理士の方に見せてもらえるといいですね。

意味・由来「これ知ってる？」

＊七草とは……

セリ・ナズナ・ゴギョウ・ハコベラ・ホトケノザ・スズナ（カブ）・スズシロ（ダイコン）の七つです。七草を食べると、一年間病気にかからないと言われています。

1月11日（地域による）

1月 鏡開き

みんなで作り、お正月の間飾っていた鏡もちで鏡開きをして、一年間の幸せを願いましょう。

鏡開きをする前

神様から力を分けてもらえる

＊机の上に鏡もちを置いて準備する。

みんながおもちつきのときについてくれたおもちです。覚えていますか？
かがみもち～

＊木づちを使って、鏡もちを「開く」ことを伝える。

今日はお正月にお供えしていた鏡もちを、手や木づちを使って開いていきましょう。
「ひらく」ってどういうこと？

＊「鏡開き」の意味を伝える（右下意味・由来「これ知ってる？」も参照）。

一年間みんなが幸せに過ごせますようにと願って、おもちを開きます。
「鏡開き」って言うんだよ
きらないの？
ふ～ん

＊なぜ包丁で切らないのか、「切る」と言わないのかを伝える。

神様にお供えしていた鏡もちを「切る」とか「割る」って言うと、不吉で良くないので、「開く」という言葉が使われるようになったそうです。
先生が木づちでたたいて開くから、その後両手を使って細かく開いてみてね。
はーい！
やるやる～

＊おもちを食べるのを楽しみにする。

細かくなったおもちは、後で料理をしてもらって、みんなでおいしくいただきましょう。
神様から力がもらえるかもね？
※右記参照
おもちたべるの？
わーい！

意味・由来「これ知ってる？」

＊なぜ「鏡開き」をするのかというと……

昔から、お正月にお供えしていた鏡もちには、神様の力が乗り移っていると言われています。細かくした鏡もちをおしるこやぜんざいに入れて食べると、神様から力を分けてもらえて、一年間病気にならず、元気に過ごせると考えられていました。

ここがポイント

- 保育園では、調理室で見せてもらうなど、食育としてもいいですね。

第2月曜日

1月 成人の日

子どもたちが少しずつ成長して、やがてりっぱな大人に近づけるように、将来の夢や希望をはぐくんでいきましょう。

成人の日の前

どんな大人になりたいのかを考えてみよう！

＊子どもたちに年齢を聞く。
今みんなは何歳ですか？
○さ〜い
ぼくは□さい！
わたしも□さい。
＊20歳で大人になること、「成人の日」にそのお祝いをすることを伝える。
みんながもっと大きくなって、20歳になると、大人の仲間入りです。
今度の月曜日は「成人の日」と言って、20歳になった人たちをみんなでお祝いする日です。
20
20さい？
あとどれくらい？
まだまだだよね。
＊晴れ着を着ている人が新成人だということを伝える。
月曜日に、スーツを着た人やきれいな着物を着た女の人を、たくさん見かけるかもしれません。
おしょうがつのときみたいに？
せんせいもきたの？
先生も少し前に着ました
＊どんな大人になりたいか、子どもが希望やあこがれの気持ちを持てるようにする。
みんなも20歳になったら、きれいな服を着て、「おめでとう」って言ってもらえますよ。
どんな大人になりたいかな？
サッカーせんしゅ
わたしは、せんせいみたいになりたい。

ここがポイント

●大人になることを想像しながら、子どもと大人の違いや、将来何になりたいかなど、みんなで話し合ってみましょう。

意味・由来「これ知ってる？」

＊昔はどうだったのかというと……

昔は「元服《げんぷく》」と言って、15歳ぐらいになった男の人が大人の髪型や服装に替えていました。でも、年齢で決まっていたのではなくて、周りの人が大人として認めてくれたらお祝いの式をしてもらえたそうです。

1月 その他の記念日など

子どもに話すヒントとして、保育者も知っておきましょう。

きょう、じんじゃに、おしょうがつのかざりがすててあったよ。
こ～んなにいっぱい
今日は15日だから、たぶん「どんど焼き」をするのね。
どんどんやきってなに?

1月15日ごろ

どんど焼き（とんどなど地域による）

竹やスギ、ヒノキを集めて縄で巻いて、「どんど」っていう土台の山を作ります。
そこに火をつけて、お正月に飾っていた門松やしめ飾り、字がじょうずになるようにって、書き初めなんかもいっしょに焼くんですよ。
おもちを焼いて食べるのは、一年間の健康をお願いするためです。
最後にどんどが崩れて倒れたら、どっちの方向に倒れたかを見て、今年がどんな年になるかを占ったりもするんですよ。

お正月に使ったしめ飾りなんかを集めて燃やすのよ。
かじにならない?

だいじょうぶ!
先生が子どものころは、よくおもちを焼いて食べたわよ。
おもしろそうだね。
わたしもやりたい!

1月20日ごろ 大寒《だいかん》

※p.114も参照。

寒い日が続いていますね。今が一年でいちばん寒いときで、「大寒」と言います。
これから2月の豆まきのころまで寒い日が続きますが、その後は少しずつ春が近づいてきますよ。
寒くても、外で元気に縄跳びや鬼ごっこをしていたら、体がポカポカ温まります。
遊んだ後は、うがいや手洗いも忘れずにしましょうね。

2月のことばがけ・スピーチ

- 節分……………………p.134
- 生活発表会………………p.136
- 建国記念の日……………p.139
- その他の記念日など………p.140

バレンタインデー／閏《うるう》日《び》（閏《うるう》年《どし》）

2月 2月3日ごろ 節分

昔から行なわれてきた伝統行事のひとつです。豆の入れ物を作ったり追い出したい鬼を考えたりして徐々に期待を高めていきましょう。

豆まきの前

いやなものや苦手なことにも、立ち向かう気持ちを持つきっかけに

みんなの いやな ものは？
トカゲ
カミナリ
おばけ
むしが こわい

話し方の流れ・アドバイス

＊「節分」は豆まきをする日だと伝える。

みんなは「節分」って知っていますか？
「鬼は外、福は内」ならわかるかな？
（子どもたちの反応を受けて）
節分は豆まきをする日ですね。

＊豆まきや、「鬼は外」「福は内」の意味を伝える（p.135 意味・由来「これ知ってる？」も参照）。

昔から節分の日には、病気や良くないことを起こす悪いものを追い払おうと、豆まきをしていました。
「鬼は外」というのは、家や体の中や周りにいる悪いものを追い払うこと。
「福は内」は、健康で良いことがたくさんありますようにと願いを込めていました。

＊子どもたちのいやなものを、鬼に例えて追い払うことを伝える。

みんなのいやなものは何？
（子どもたちの反応を受けて）
今言ってくれたものを鬼だと思って、豆をまきながら大きな声で追い払おうね。

＊年の数だけ豆を食べる意味を伝える。

豆の入れ物も作ったね。そうそう、豆まきの後は、年の数だけ豆を食べると、体がじょうぶになって、かぜをひかないそうです。
みんなはいくつ食べたらいいのかな？

ここがポイント

●豆を食べて、「これで悪い鬼は退治されました」と、子どもたちを安心させましょう。

意味・由来「これ知ってる？」

＊子どもに話すヒントとして、保育者も知っておきましょう。

節分

「節分」は春・夏・秋・冬の季節が変わる前の日のことで、もともと一年に４回ありました。昔の暦《こよみ》では、春から一年が始まっていました。２月４日ごろの「立春《りっしゅん》」という日から春で、その日がお正月だったので、春の節分の３日ごろは大晦日《おおみそか》ということになります。

年が変わる大切な日として、春の節分だけが今でも残っているようです。

昔は季節の変わり目に、「邪気」という悪いものが生まれると考えられていました。

昔の大晦日だった節分に、前の年の邪気を鬼だと思って追い払います。

豆まきの豆（大豆《だいず》）

神様へのお供えとして使われる大豆には、きっと不思議な力があると考えられていました。

また、「まめ」という言葉は、魔物の鬼を滅亡させるという意味の「摩滅《まめつ》」に似ています。

だから豆をまいて鬼退治をするようになったと言われています。

柊鰯《ひいらぎいわし》（焼嗅《やいかがし》など地域による）

鬼が寄ってこないように、ヒイラギという木の枝に焼いたイワシの頭を刺して、玄関などの入り口に飾っておきます。

ヒイラギの葉っぱはギザギザなので、鬼が入ってこようとすると目に刺さります。

また、鬼はイワシのにおいが大嫌いなので、家に近づくことができないそうです。

恵方巻《えほうま》き

大阪のお店屋さんが始めたと言われています。その年のおめでたい方向を向いて、黙って太い巻きずし１本を丸ごと食べてしまうと、いいことがあると考えられています。

のり巻きは幸せを巻き込むという意味で、切らずに食べるのは、大切な人とのつながりが切れないようにお願いするためのようです。

2月 生活発表会

みんなでいっしょにがんばってきたことが、クラスをひとつにまとめてくれます。自信を持って、堂々と演じられるようにしましょう。

生活発表会の前日

みんなが共通のイメージを持って、生活発表会を心待ちにできるように

話し方の流れ・アドバイス

＊今までの練習を振り返って、よく努力してきたことを認める。

明日はいよいよ生活発表会です。毎日元気良く歌をうたったり劇遊びをしたりして、がんばって練習してきましたね。

＊子どもたちの見てほしいところを聞いて、そこに自信が持てるようにする。

みんなはどんなところを見てほしい？
（子どもたちの反応を受けて）
いっぱい見てほしいところがあるね。

＊子どもたちが安心して、最後まで取り組もうと思えるようにする。

明日は練習のように元気な声で発表しようね。もしまちがっても失敗しても、だいじょうぶ。みんなが一生懸命がんばっているところを、おうちの人たちも見ていてくれるからね。

＊家族みんなで当日を楽しみにできるようにする。

おうちの人も生活発表会を楽しみにしていると思うので、プログラムを見せながら、どんなことをするのかお話ししてあげてね。

ここがポイント

- がんばっていることを十分に認め、当日に向けて意欲を高めていきましょう。
- 子どもたちの見てほしいところは、事前のお便りや本番前の解説などで紹介を。

生活発表会当日の朝

不安な気持ちの子どもたちを励ましながら、できるだけリラックスできるように

＊子どもひとりひとりを見て、緊張しているようすなどを確認する。

待ちに待った生活発表会です。なんだかドキドキしてきたね。
ソワソワ
ドキドキ

＊練習してきたとおりにやればよいことを、笑顔で伝える。

ニコッ
でも、いつもどおり元気良く声を出して、うたったりセリフを言ったりすればだいじょうぶです。
ホッ

＊子どもたちの不安を、少しでも和らげられるようにする。

忘れてしまったら、近くのお友達が教えてあげてね。
失敗しても、気にしないで進んでいこうね。
おしえてね
うん！
まちがえてもいいの？
ほんと？

＊発声練習も兼ねて、歌をうたう。

お部屋で元気に歌をうたってから行きましょう。
声を出すと、ドキドキしていた気持ちが落ち着いてきますよ。

2月

ここがポイント

● とにかく声を出すことで少し落ち着きます。元気よくあいさつをしたり、本番前の最後の練習として歌をうたったりして、リラックスしましょう。

生活発表会後に集まって

子どもが自信を深めて成長した姿を認めて、保護者とともに褒める

話し方の流れ・アドバイス

＊子どもたちのがんばった姿を認めて、保護者の前で伝える。

（視線を保護者に向けて）

今日子どもたちは、とても元気に演技をしてくれました。みんなの気持ちがそろって、歌も楽しくうたえました。

＊子どもたちが経験を通して自信を深めた姿を見ると、保護者もうれしい。

たくさんの方々に見られながら、子どもたちは堂々と表現することができたので、自信につながったと思います。

＊子どもたちが満足感や達成感を感じられるようにする。

（視線を子どもたちに向けて）

みなさん、今日はおうちの方に見ていただいて、うれしかったでしょう。良かったね！

＊ていねいにお礼を述べて、家でも子どもを褒めていただくようにお願いする。

（視線を保護者に向けて）

今日は、ご家族みなさまでお越しいただきまして、ありがとうございました。

おうちに帰ったら、子どもの演技や歌を、たくさん褒めてあげてください。

＊大きな行事が終わった後、気持ちを新たにして登園できるようにする。

（視線を子どもたちに向けて）

また来週待っています。気をつけて帰ってね。

握手でさようなら（ひとりずつ握手をする）。

ここがポイント

●保護者も子どもたちも、満足感や達成感で疲れています。短時間にまとめて話をしましょう。

●保護者からじっくりと話を聞くのは難しいので、アンケートをお願いしておいて後日回収し、今後の保育や来年以降の生活発表会に生かしてもよいでしょう。

2月11日

2月 建国記念の日

日本が国としてできた日を祝い、自分たちが暮らしている郷里や地域についても興味を持ちましょう。

建国記念の日の前

◎日本の国や、自分たちが住んでいる地域・地元を大切にする気持ちを持つ

話し方の流れ・アドバイス

＊「建国記念の日」がどういう日なのかを伝える。

２月11日は「建国記念の日」と言って、日本の誕生日としてお祝いする日です。

＊「建国記念の日」の由来を伝える（※も参照）。

日本がいつできたのか、はっきりとはわかっていないのですが、神話という古いお話に、日本が国として誕生した日として出てきます。そこで日本ができたことを記念して、この日にお祝いをしようということになりました。

＊たくさんの場所が集まって日本という国を築いていることを伝えて、自分たちが住んでいる地域とともに、大事にする気持ちを持てるようにする。

日本にはたくさんの町があります。みんなが住んでいるのは○○という名前の場所ですね。ほかにはどんなところを知っていますか？
（子どもたちの反応を受けて）
いろいろな名前の場所が出てきましたね。昔の人たちが大事にしてきた土地や自然が集まって、日本という国ができています。

＊子どもたちが日本を大切に思えるようにする。

みんなの大切な国、日本を大好きになって、もっと良い国になるようにしましょう。

ここがポイント

●実際に建国された日ではなく、建国されたことを記念する日です。

※２月11日は、神武天皇（歴史学上では神話として扱われる初代天皇）が即位した日とされ、日本の始まりの日として祝う「紀元節」でした。一度廃止されましたが、その後国民の要望により、「建国記念の日」として制定されました。

2月 その他の記念日など

子どもに話すヒントとして、保育者も知っておきましょう。

せんせいは、だれかにチョコレートあげるの？
えっ？
明日のバレンタインデーのこと？
ぼくにもちょうだい！
先生はチョコレートじゃなくて、みんなにカードを渡します。
おんなのこにもくれるの？

2月14日 バレンタインデー

※p.152も参照。

昔２月14日に、バレンタインさんという人が、王様の命令を破って恋人たちを守ったために捕まって、やがて死んでしまったそうです。
ずっと後になって、この日にお祭りが開かれるようになったとき、バレンタインさんのことを恋人たちの神様だと考えて、恋人同士でプレゼントを交換することにしました。
日本では、女の人が好きな男の人にチョコレートを渡しますが、ほかの国では、恋人や友達・家族同士でプレゼントを交換したり、自分の気持ちを書いたカードを渡したりします。

チョコレートのほうが……

2月29日 閏日《うるうび》（閏年《うるうどし》）

普通２月は28日までですが、２月29日まである年のことを「閏年」、２月29日のことを「閏日」と言います。
みんなの住んでいる地球は、太陽の周りを一年間かけて回っています。
１年はだいたい365日ですが、実は時間が少しずつずれていて、４年たつと１日分余ってしまいます。
そこで４年に一度、２月を１日増やして調節しています。
閏年は、毎回夏のオリンピックが開催される年でもあります。

3月の
ことばがけ
・スピーチ

- ひな祭り……………………p.142
- 耳の日………………………p.144
- クラス懇談会………………p.145
- お別れ園外保育（遠足）……p.146
- お別れ会……………………p.147
- 卒園式（修了式）の日………p.148
- 終業式の日…………………p.151
- その他の記念日など………p.152
  ホワイトデー／春分《しゅんぶん》の日《ひ》

3月3日

3月 ひな祭り

ひな祭りの由来を知り、女の子も男の子も、みんなが期待を持って、楽しく行事に参加できるようにしましょう。

ひな祭りの集い前日

行事に期待しながら、意味や由来にも興味が持てるように

女の子も
男の子も……
しゅやくはわたしたち!
ぼくたちも?

話し方の流れ・アドバイス

＊ひな人形の名前を聞いて、子どもの関心を引く（p.143 意味・由来「これ知ってる？」も参照）。

3月3日《みっか》は「ひな祭り」です。
園でもおひなさまを飾っていますね。
人形それぞれの名前を知っていますか？
（子どもたちの反応を受けて）
後で人形を見ながら言ってみましょう。

＊意味や由来を伝えて、伝統行事に興味を持てるようにする（p.143 意味・由来「これ知ってる？」も参照）。

さて、ひな壇の横にお花を飾ってありますが、なんの花でしょうか？
（子どもたちの反応を受けて）
モモの花ですね。つぼみが膨らみ、ピンクのかわいい花が咲き始めるころのお祭りなので、「桃の節句《せっく》」とも呼びます。
女の子が大きくなったことをみんなでお祝いしたり、これからも元気に過ごせますようにとお祈りしたりする日です。

＊楽しい内容になりそうだと予告して、期待を膨らませる。

5月に「こどもの日」のお祝いをしたみたいに、明日のひな祭りの集いでは、男の子たちもいっしょにお祝いをして楽しみましょう。

ここがポイント

●「こどもの日」(p.48)同様、園の子どもたち全員の成長を願うことを伝えて、みんなで楽しく参加できるようにしましょう。

意味・由来「これ知ってる？」

＊子どもに話すヒントとして、保育者も知っておきましょう。

ひな人形

関東

関西

昔は「流し雛《びな》」と言って、病気やケガなどの悪いことを、紙などで作った身代わりの人形に移して、川や海に流していました。
それが女の子の人形遊びといっしょになって、女の子の成長と幸せを祈るために、ひな人形が飾られるようになったそうです。
東京などの関東と大阪などの関西では、ひな人形の飾り方が違うところもあるようです。
関東では男のお内裏《だいり》さまを左側、女のおひなさまを右側に飾りますが、関西では逆にすることもあります。

ひしもち

緑・白・桃の３色になっているのは、「春が近くなると、白い雪が溶けて緑の草が生え、桃の花が咲く」というのを表しているからで、女の子が自然の力をもらい、元気に成長しますようにという願いが込められています。
また、桃は魔よけの力、白は子どもや孫が増えて、長生きしますように、緑のヨモギは悪いものを追い払う薬草という意味もあります。

ひなあられ

桃・黄・緑・白の色は、春・夏・秋・冬の一年間の季節を表しています。
一年間、病気やケガをすることなく、元気に過ごせますようにと、お願いしながら食べるとよいと言われています。

ハマグリのお吸い物

ハマグリの貝殻は、上と下の２枚がピッタリ合うようになっていて、ほかの貝殻と組み合わせようとしてもずれてしまいます。
ハマグリの貝殻のように、結婚したら同じ相手とずっと仲良く幸せに過ごせますように、という願いが込められています。

3月3日

3月 耳の日

耳の役割を知り、耳を大切にしようとする気持ちが持てるようにしましょう。

耳の日のころ

耳を大事にするための約束

話し方の流れ・アドバイス

＊耳の絵と数字の３を並べるなど、子どもたちにわかりやすく伝える。

３月３日は「ひな祭り」のほかに、もうひとつ記念日があります。

３と３で「み・み」って読めるし、３の形が耳に似ているから、「耳の日」です。

（子どもたちの反応を受けて）

＊子どもたちにとって身近な例を挙げながら、耳の役割を伝える。

耳はとても大事なお仕事をしています。お友達や先生のお話も、ピアノの音も、耳で聞いていますね。

＊子どもたちといっしょに、耳を大事にするための約束事などを考える。

耳を大事にするためには、どんなことに気をつけたらいいでしょうか？

（子どもたちの反応を受けて）

友達の耳の近くで大きな声や音を出さない、耳をたたかない……、いろいろ出てきましたね。今の約束を守って、耳を大事にしていきましょう。

ここがポイント

●耳の構造のイラストや図鑑など（p.83「鼻の日」参照）も用意しながら、わかりやすく話をしましょう。

3月 クラス懇談会

年度末のクラス懇談会です。保護者全員の感想を聞いて、一年間を振り返りましょう。

始めと終わりのあいさつ

一年間の総まとめを報告して、保護者に感謝する

話し方の流れ・アドバイス

始まり

（ていねいに頭を下げながら）

＊ていねいにお礼を言う。

本日はお忙しいところ、たくさんお集まりいただきまして、ありがとうございます。

＊予定している懇談内容を簡単に説明する。

あっという間に一年が過ぎようとしています。今日は、**子どもたちの成長を振り返ったりご感想をうかがったりしたいと思います。**

＊予定時間を伝えておく。

○時までと時間は限られていますが、よろしくお願いいたします。

終わり

（話がまとまったら）

＊ひとまず終了を告げる。

そろそろ時間になりました。お話は尽きませんが、最後のクラス懇談会を終わりにさせていただきます。

＊一年間を振り返って感想を述べ、最後にあらためてお礼を言う。

この一年間、園生活や行事にと、ご支援をいただきありがとうございました。
保護者のみなさまや子どもたちに助けられ、なんとかここまで来ることができました。
まだ終業式（年長児の場合、卒園式・修了式）まで日にちがありますので、子どもたちと思い切り楽しい時間を過ごしたいと思っています。
（ていねいに頭を下げながら）
本日は、最後までありがとうございました。

ここがポイント

●報告や資料をまとめたプリントを用意しておきましょう。
●一年間の感謝の気持ちをていねいに伝えましょう。

3月 お別れ園外保育(遠足)

年長組といっしょに園児全員で行く、最後の園外保育(遠足)です。たくさんの楽しい思い出が残せるようにしましょう。

お別れ園外保育(遠足)出発前　みんなで同じ思い出を共有する

あいさつしましょう
おねがいします！

話し方の流れ・アドバイス

(園庭に並んで待つ全園児に向かって)

＊年長児にとって最後の園外保育(遠足)を、十分に楽しめるようにする。

年長組のみんなは、もうすぐ卒園して小学校に行ってしまうので、最後の遠足です。
今日は、たっぷり遊んで楽しみましょう。

＊誰と手をつないで歩いたかということも、思い出に残せるようにする。
＊きちんとあいさつをするように伝える。

年長組さんと年少組さんが、ふたり組になって歩きますよ。きのう、誰と手をつなぐか決めたときにあいさつをしたから、名前は覚えているかな？
年中組さんは、クラスのお友達とふたり組になっていますね？
手をつないだら、お願いしますとあいさつをしておきましょう。
(子ども同士であいさつをする)

＊子どもたちの期待を膨らませる。

今から行くところは、きれいなウメの花が咲いています。ウメの花のにおいをかいだり、お弁当を食べたり、**楽しいことがたくさん待っています。みんなで記念写真も撮りますよ。**

それでは○○公園まで、元気に歩きましょう。

ここがポイント
- ふだんから異年齢児同士の交流などで、仲良くしておきましょう。
- 前日にペアを組んで、確認しておきましょう。

3月 お別れ会

今まで年少・年中児たちのお世話をしてくれた年長児たち。感謝の気持ちを持ちながら準備をし、胸を張ってお別れ会に臨みましょう。

お別れ会の前（年少・年中）

今までありがとうと、みんなで恩返しをする機会

＊お世話になった年長児たちとのお別れ会があることを伝える。

いろいろ教えてもらったり助けてもらったりした年長組さんと、お別れする会があります。
もうおわかれなの？
えっ!?

＊感謝の気持ちを持ちながら、今度は自分たちがお返しをする番だと思えるようにする。

みんなで考えて、年長組さんが楽しんでくれるお別れ会にしましょう。
「今までありがとう。小学校に行っても元気にがんばってね」と言って、お別れ会を盛り上げていきましょうね。
みんなでうたをうたおうよ！
なんのうたがいいかな？

ここがポイント
●自分たちで考えて準備をすることで、年長組とバトンタッチをするという自覚も生まれます。

ここがポイント
●保育者が子どもたちの生活をちゃんと見ていて、してきたことを認めてあげることが、子どもたちにとって、何よりの自信となります。

お別れ会の前（年長）

最後までかっこいい姿を見せよう！

＊年少児・年中児たちがお別れ会を開いてくれることを伝える。

もうすぐこの園ともお別れですね。
年少組さんと年中組さんが、みんなのためにお別れ会をしてくれるそうです。
まえにぼくたちもやったね
やったやった！

＊園での生活を振り返り、自分たちがしてきたことに自信を持てるようにする。

縦割りグループでも、お兄さんお姉さんとして、たくさん園のことを教えてあげましたね。
きっとそんな姿を見て、かっこいいな、優しいなと思ってくれていたでしょう。
いや～それほどでも……

＊お別れ会への期待を高めていく。

最後まで、かっこいいりっぱな年長組の姿を見てもらいましょう。
だってもう、いちねんせいだもんねー
そうそう！

3月終わりごろ

3月 卒園式(修了式)の日

年長児にとっては、園生活最後の行事です。落ち着いて堂々と参加できるようにし、子どもたちの姿をみんなで褒めましょう。

卒園式(修了式)の朝

園生活最後の見せ場を堂々と

＊子どもたちが大きくりっぱになったことを伝える。
いよいよ卒園式(修了式)ですね。今日はとてもりっぱに見えますよ。
○○組のみんなが、心も体も大きくなって、卒園式(修了式)を迎えられたことを、とてもうれしく思います。
先生ウルウルしちゃう
＊卒園式(修了式)に堂々と参加できるようにする。
みんなのために、おうちの人やお客さん方がたくさん来られて、お祝いしてくださいます。
「こんなに大きくなりました」「4月から1年生です」と、いい顔、いい姿をたくさん見てもらいましょう。
ビシッとしてね!
＊子どもたちの緊張をほぐすために、深呼吸をする。
リラックスするために、両手を上げて深呼吸をして……
スー
スー
スー
スー
＊ニコッと笑い、リラックスする。
ニコッ
最後にニコッと笑顔。
ニコッ ニッコリ

ここがポイント

● 朝から緊張している子どもも多いはずです。リラックスできるように、歌をうたったり少し体を動かしたりしましょう。

子どもたちへ最後のあいさつ

子どもたちの成長を心から喜び、
自信を持って新しい環境に進めるように

お話をするのもこれが最後ですね

話し方の流れ・アドバイス

＊卒園式（修了式）をりっぱにやり遂げたことを褒める。

○○組のみなさん、とてもすてきな式でした。さすが年長組です。やっぱり４月から１年生になるみんなは違いますね。

＊これまでに子どもたちがいかにたくさんの経験を積んできたのかを振り返って、成長したことを実感できるようにする。

園生活を振り返ると、たくさんのことをして学びましたね。
園外保育（遠足）・運動会・作品展・発表会などの行事、小さな子どもや地域のお年寄りとの交流、友達との楽しかった思い出……たくさんありすぎて、全部を言うことができませんが、ほんとうにすてきなお兄さんお姉さんに成長して、先生はとてもうれしいです。

＊保育者から贈る最後の言葉として、子どもたちを心から励ます。

○○組のみんなと、この部屋でお話をするのもこれが最後ですね。
みんなそれぞれ違う学校に行くけれど、新しい生活に早く慣れ、お友達もたくさん見つけて、勉強に遊びにがんばってくださいね。

＊またいつでも遊びに来てほしいことを伝える。

たまには先生たちに、元気な顔を見せに来てください。待っていますよ。

ここがポイント

● 園生活を振り返り、子どもたちの今後の生活に自信と期待が持てるように、励ましの言葉を贈りましょう。

保護者へ最後のあいさつ

心からの「おめでとうございます」と「今までありがとうございました」

そうね
せんせい ないてた
おめでとう ございます

話し方の流れ・アドバイス

＊ていねいにお祝いの言葉を言う。

（ていねいに頭を下げながら）
保護者のみなさま、お子様のご卒園（ご修了）おめでとうございます。

＊卒園式（修了式）の感想を言う。

先ほど、園長から保育証書を手渡された子どもたちの姿、ひとりひとりがみんな輝いていましたね。

＊これまでの保護者の協力に感謝し、子どもたちの成長をいっしょに喜ぶ。

いろいろ経験して、大きくなった子どもたち。楽しく充実した園生活が送れましたのは、保護者のみなさまが支えてくださったおかげです。ご家庭に戻られましたら、お子様の今までのがんばりを、たくさん褒めてあげてください。

＊子どもたちの明るい未来に期待しながら、心を込めて、保育者として最後のお礼を言う。

最後になりましたが、お子様の健やかな成長を、お祈りいたします。
（ていねいに頭を下げながら）
本日はありがとうございました。

ここがポイント

●保護者の協力があって、今日の日を迎えることができたことに感謝して、お礼を言いましょう。

3月終わりごろ

3月 終業式の日

今年度の締めくくり、最後の式に参加して、進級する喜びが実感できるようにしましょう。

終業式後の保育室で

一年間を締めくくり、進級に期待を持つ

4月から
お兄さんお姉さん
ですね！
まかせといて！

話し方の流れ・アドバイス

＊クラス最後の締めくくりとして、一年間で成長できたことを認め、褒める。

○○組として園で遊ぶのは今日が最後です。○○組ではお友達もいっぱいできたし、ひとりでできることもずいぶん増えましたね。みんなが成長したことがとてもうれしいです。

＊進級する喜びを感じながら、ひとつ上のクラスになることを自覚できるようにする。

少し前に年長組さんが卒園(修了)したので、ちょっと寂しかったけれど、4月になったらひとつ大きなクラスになり、みんながお兄さんやお姉さんになりますね。新しいお友達が入ってきたら、いろいろ教えてあげたりいっしょに遊んであげたりできるかな？

(子どもたちの反応を受けて)

＊また4月から元気に登園して、会うことを楽しみにする。

次にみんなと会うのは4月ですね。また元気に来てください。

ここがポイント

●子どもたちの一年間の成長を認め、進級への期待につなげましょう。

●保育園で、終業式を大きくしない場合でも、3月31日には、「明日から……」と気持ちを新たにして、子どもたちが成長の喜びを味わえることばがけをここを参考に考えてみましょう。

3月 その他の記念日など

子どもに話すヒントとして、保育者も知っておきましょう。

3月14日 ホワイトデー

※p.140も参照。

2月14日の「バレンタインデー」にチョコレートをもらった男の人が、3月14日にキャンディー・マシュマロ・クッキーなどを女の人にお返しする日です。

これは日本だけでやっていることで、お菓子屋さんたちが決めました。

「ホワイト」というのは、あめに使われる砂糖が白かったからだそうです。

バレンタインさんが亡くなって1か月後、一度別れた恋人同士が元に戻り、「これからもずっと好きです」と告白し合ったのが3月14日でした……というお話もありますが、ほんとうかどうか、はっきりとはわかりません。

3月21日ごろ 春分《しゅんぶん》の日《ひ》

※p.94・114も参照。

最近、夕方になっても明るいですね。

「春分の日」と言って、昼と夜がほとんど同じ長さになる日があります。

この日を過ぎると、少しずつ昼の時間が長くなり、暖かくなっていきます。

春分の日の前と後の3日間は「お彼岸」と言って、御先祖様のお墓にお参りしてごあいさつをします。

付録

阿部先生推薦

えり先生の とっておきのことばがけ

①信頼関係あっての、有効なことばがけ……p.154
②朝の受け入れのとき……p.155
③朝の会のとき……p.156
④製作のとき……p.158
⑤お弁当・給食のとき……p.158
⑥外遊びのとき……p.159
⑦帰りの会のとき……p.159

付録 えり先生の とっておきのことばがけ

①信頼関係あっての、有効なことばがけ

　ことばがけについては、時々大声を出すこともあり、まだまだ自分の中の余裕と広い心・視野で子どもたちを見なければいけないと、日々思っています。プラスの表現（言い回し）でことばがけをし、前向きに活動できる子どもたちを育てていきたいと思います。

　その中で特に気をつけていることは、人数や年齢・時期によって異なりますが、保育者のことばがけを受け入れて

もらえるよう、日ごろから子どもたちの発してくれた、会話や感じたこと・考えたことをよく聞くようにしています。受け止められたり共感してもらえたりすることは、子どもでも大人でもうれしいことであり、自信につながることもあるのではないか……と思います。

その言葉のやりとりの中で、信頼関係が生まれ、保育者の投げかけた言葉が子どもの心に届き、そこで初めて、「そのクラスに合ったことばがけ」が成立するものだと考えています。

子どもたちの成長に何かしら影響のあることばがけをしていきたいと思っています。そんな毎日の保育で実践していることばがけを紹介します。

②朝の受け入れのとき

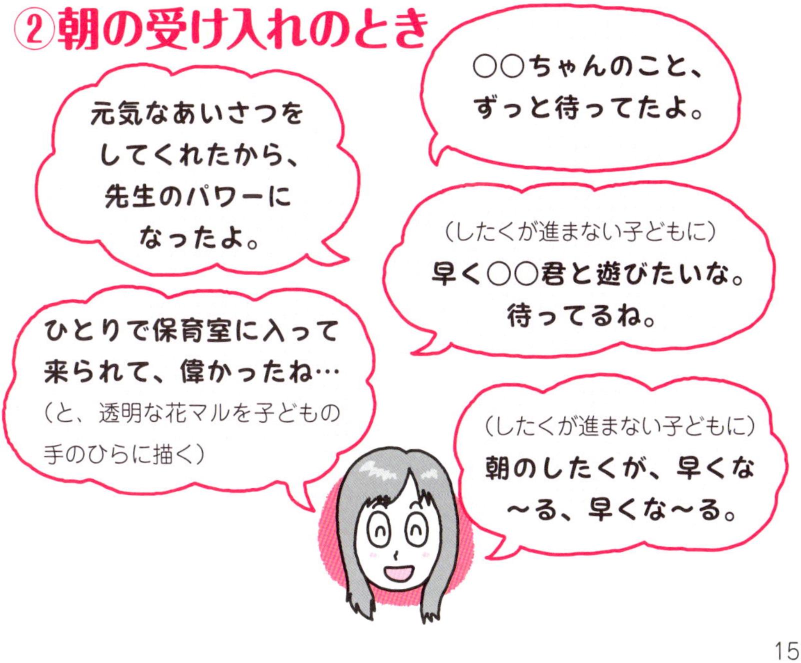
〇〇ちゃんのこと、ずっと待ってたよ。
元気なあいさつをしてくれたから、先生のパワーになったよ。
（したくが進まない子どもに）早く〇〇君と遊びたいな。待ってるね。
ひとりで保育室に入って来られて、偉かったね…（と、透明な花マルを子どもの手のひらに描く）
（したくが進まない子どもに）朝のしたくが、早くな～る、早くな～る。

③朝の会のとき

（年少・年中児に）
背中が伸びていて、
年長さんみたいだね。

（イスに座っているとき
／あいさつで立つとき）
足がそろっていて、
かっこいいな。

「じっとがまん大会」
の優勝は、○○グル
ープさん！

最初から最後まで
がまんできて
すごいな！

お帰りの会も、きっ
とかっこいいんだろ
うな。楽しみだな！

（歌をうたった後で）
初めての歌なのに、
もうこんなに
うたえるんだね。

（歌をうたった後で）
きれいな声で
うたえるんだね。

（歌をうたった後で）
どならないでうたえたね。
みんなは、のどさんに
優しいな。

短い返事（「はい」）がすてきだね。

廊下に響くぐらいすてきな返事ができたね。

（年少・年中児に）
その返事のしかたは……年長さんかと思っちゃった！

背筋がきっと伸びちゃうよ！ それー（ピアノで低音→高音を鳴らす）

（返事ができず自信がなかった子どもが、返事を返してくれたときに）
先生に返事を返してくれてありがとう。うれしかったな！ また聞かせてね。

④製作のとき

魔法の粉をハサミ（のり）に掛けておいたから、安心して切って（はって）ね。

（あまりていねいでない子どもに）
この部分にのりを付けてはると、もっとすてきになるよ。

手のパワーが逃げないように、口を閉じて挑戦してね。

（筆圧が濃くなるように）
この色はすてきだね。ゴシゴシ塗りをすると、遠くの人にも見えるね。

みんなすてきな○○を作ったね。またがんばっているお顔を見せてね。

⑤お弁当・給食のとき

（早食べをしてしまう子どもに）
たくさんかむと、力がモリモリになるよ！

（床にこぼさないように）
おへそと机（お弁当箱）をペッタンコして食べようね。

（苦手な物を食べた子どもに）
○○が食べられたの！お口さんがんばったね！

ピカピカになって、お弁当箱（お茶わんやお皿）が喜んでいるよ。

（牛乳が苦手な子どもに）
先生といっしょに飲もう。せーので！

⑥外遊びのとき

かたづけを五つしたら、
先生からギューッの
ごほうびですよ！

（なかなか保育室に入らない子どもに）
先生、○○ちゃんがいないと
寂しいから、いっしょに帰ろう。

（外で遊びたくない子どもに）
外で体を動かしてたくさ
ん遊ぶと、体の中に元気
がたまって大きくなるよ。

⑦帰りの会のとき

（ロッカーが整とんできていな
い子どもに）
ピンポンパンポーン！
○○さん、上履き入れが
落ちています。

（週末に持ち帰るタオル、ごっ
こ遊びをイメージして）
タオル屋さんですよ。
ひとつ10円です！
買いに来てくださーい！

今日の○○グループさ
んは、まっすぐ座れて
いるよ。かっこいいね！

紙芝居をよく聞けたね。
すてきな耳が付いていて、
いいなあ。

こんなに離れて座っている
のに、じっと先生を見てく
れているね。うれしいなあ。

（さようならをするとき、ひとりひとり
と握手をしながら、その日がんばった
ことを褒める）
○○がじょうずにできたね！

先生、明日もお部屋で
待ってるね。早くみん
なに会いたいな！

〈編著者〉
阿部　恵（あべ　めぐむ）
道灌山学園保育福祉専門学校保育部長
道灌山幼稚園主事

〈執筆協力〉
佐々木　絵里（ささき　えり）

※本書は、『月刊　保育とカリキュラム』2007年度連載「今月のおはなし」、2008年度連載「子どもと保護者が笑顔になる ことばがけ＆あいさつ」の内容を追加・加筆し、再構成して単行本化したものです。

ハッピー保育books⑦
3歳児からのクラス担任便利帳
年中行事のことばがけ・スピーチ

2010年10月　初版発行
2017年 1月　 9版発行
編著者　阿部　恵
発行人　岡本　功
発行所　ひかりのくに株式会社
〒543-0001　大阪市天王寺区上本町3-2-14　郵便振替00920-2-118855　TEL.06-6768-1155
〒175-0082　東京都板橋区高島平6-1-1　郵便振替00150-0-30666　TEL.03-3979-3112
ホームページアドレス　http://www.hikarinokuni.co.jp

製版所　近土写真製版株式会社
印刷所　熨斗秀興堂

Printed in Japan
ISBN978-4-564-60768-4
NDC376　160P 18×13㎝